社長の決断から始まる

企業の最高戦略 M&A

柴田 彰

株式会社日本M&Aセンター 執行役員

東洋経済新報社

はじめに

Ｍ＆Ａは、経営者であれば必ず押さえておくべき経営戦略の一つ、と断言できます。

これから私がする話は、自分たちが他社を譲り受けて会社の経営規模を大きくし、成長ストーリーを描くためのものではありません。

逆です。自分の会社を他社に譲渡する話です。実は、中小企業経営者のほとんどが、その当事者となる話です。帝国データバンクが実施した２０２２年の「全国企業『後継者不在率』動向調査」によると、現在日本の後継者不在率は57・２%と極めて高く、６割近くの企業に後継者がいないのが現状です。業種によっては80%を超えます。本書を手にしているあなたも、後継者がいない企業の１社かもしれません。今の日本は大相続時代に突入しているのです。

にもかかわらず、自社が後継者不在、あるいは後継者不在予備軍だということに気がついていない社長が多すぎます。私はM&Aコンサルタントになって丸10年になり、年間約３００社（累計３０００社程度）のオーナー経営者と仕事をしてきました。その中で感じたのは、自分が後継者不在であると認識していない社長の多さです。中小企業にとって後継者問題は深刻なテーマであり、単に「社長の座を継がせるもの」という短絡的な意味では決してありません。本書は、事業承継問題の本当のロジックをお伝えしていきます。

また、後継者不在を自覚されているにもかかわらず、自分が毎日経営の舵取りをしている、わが子のように手をかけてここまで育ててきた会社を譲渡する、という決断を下すことができない経営者が大勢います。

なぜ、譲渡という決断を下せないのでしょうか。それは、プライドと不安による葛藤、そしてかすかな希望が決断を鈍らせているからです。

これまで私は、１２００社を超える会社の譲渡面談に立ち会い、そのうち２００社以上の経営者が、実際に譲渡の決断を下す場面を見てきました。その経験から感じるのは、自社の譲渡を「恥」と思い、困っている会社がやむを得ず選ぶ「劣後策」だという考え方が、まだ存在しているということです。

「俺がこの会社を売ったら、経営を立て直すことができず尻尾を巻いて逃げた無能な経営者、などと後ろ指を指されるに違いない」

「だからＭ＆Ａでこの会社を売却するような、格好の悪いことなどできるわけがない」

「そもそも自分の代でこの会社を手放したら、先代、先々代に申し訳が立たない」

「もうロータリーの集まりに参加できなくなる」

などと、プライドが邪魔をして決断を下せず、手をこまねいているうちに、今度は不安に駆られるようになります。

「会社を譲渡したら、今働いてくれている従業員はどうなるのだろう。全員リストラされてしまうのだろうか」

「自分が会社を辞めたら従業員も全員辞めてしまうのではないか」

「自分はもう経営者として経営に携わることはできなくなるのだろうか」

「引き続き経営を任せられたとしても、株式を支配されているから経営の自由度がなくなるのではないだろうか」

「会社を売り逃げしたと思われるのではないか」

「自力ではもうジリ貧とはわかっているけど、まだしばらく何とかなるのではないか」

「事業承継の選択肢を考えれば考えるほどＭ＆Ａしか方法がなさそうだけど、本当に手放していいのだろうか」

「もしかしたら息子や娘が会社を継いでくれる可能性も奇跡的に出てくるのではないか」

「自社だけではもうこれ以上の成長は難しいと思っているけれど、もしかしたら何とかなるかもしれない」

「何とかＭ＆Ａを回避できないだろうか」

こうなるともう、きりがありません。

でも、決断のタイミングが遅れれば遅れるほど、経営の選択肢は少なくなっていき、条件も悪化していきます。

また、黒字が続いていて、順調に経営されているように見える企業にとっても、Ｍ＆Ａは検討する意味があります。Ｍ＆Ａは、経営状態のよい「黒字企業だからこそできる特権」と言ってもいいほどです。そもそも、Ｍ＆Ａは事業承継においても、経営戦略においても劣後策ではありません。なぜフラットに並べて比較検討しないのでしょうか。

黒字経営が永久に続く保証はどこにもありません。日本は今後、総人口の減少によって大きな構造変化を余儀なくされます。特に中小・小規模企業の場合、海外展開は難しく、どうしてもメインとなる商圏は、日本国内になりがちです。その日本の総人口が減少し続ければ、日本国内で生み出されるＧＤＰ（国内総生産）も減少し、マーケットは縮小の一途をたどることになります。食べる人が減る、買う人が減る、作る人が減る、就業する人が減るのです。

そういう状況下で会社が生き残っていくためには、自分たちの力だけでなく、他社が持つ優れた経営資源を有効活用して相乗効果を模索することも、当然、視野に入れておく必要があります。そのためには、Ｍ＆Ａを経営戦略の一つとして捉えることが重要です。

Ｍ＆Ａの本質と使い方を理解して成長戦略を描く

Ｍ＆Ａは事業承継対策の面で注目され、大相続時代の今、年々増えていますが、メリットはそれだけではありません。Ｍ＆Ａの本質は企業戦略です。Ｍ＆Ａは資本を活かした究極の戦略であり、「企業の最高戦略」と呼ばれています。

もちろん、Ｍ＆Ａを決断するにあたって、不安に駆られるのは当然です。そもそも、何度も繰り返し自社を譲渡した経験を持つ経営者などいません。初めての経験なのですから、不安な気持ちになるでしょう。今、本書を手にしているあなたも、そうなのではないでしょうか。

私は、そういう経営者にズバリ申し上げます。

「社長、この会社を存続・発展させるためにも、Ｍ＆Ａを選択肢として検討してください」

一見すると順調な会社、成長に陰りが見えつつある会社、明らかに低迷している会社のいずれであっても、次のような問題を抱えています。

「採用がうまくいかない」、「採用しても長続きせず辞めてしまう」、「ベテランと新人ばかりで中間層がいない」といったヒトの問題。

「社長の人脈で仕事を取ってきている」、「新規開拓ができていない」、「せっかく素晴らしい技術や商品を持っているがそれを売る力が弱い」といった営業力の問題。

「社長が技術屋で設計までしているので、社長がいなくなると新しいモノづくりができなくなる」、「組織として技術やノウハウが定着していない」、「他社と差別化が図れず薄利多売」といった技術力の問題。

「そもそも資本力に乏しい」、「知名度やブランド力がない」といったリソースの問題。

Ｍ＆Ａには、これらの問題を解決できる可能性があります。もちろん、Ｍ＆Ａに踏み切ったからといって、絶対に成功するという保証はありませんが、どの会社も、経営戦略の一つとして、常にＭ＆Ａも並行して検討しながら経営を行う必要があります。そして今こそ、中小企業を中心にしてＭ＆Ａを活用した業界再編、成長戦略を推し進めることが、日本の国力を高めるのに、絶対に必要なことだと思っています。これは私の信念です。

日本には昔から中小企業神話があります。高度経済成長期から日本のマーケットは大きく拡大し、それに伴い中小企業も爆発的に増えました。パイが増えているので企業数が増えても、全企業が成長していくことができました。ところが現在の日本のパイは縮小に向かっています。

日本の中小企業は皆、それぞれがキラリと光るノウハウや技術を持っているにもかかわらず、単体では生き残ることが難しくなってきています。それにより素晴らしい製品や歴史、地域経済を守る雇用が失われつつあります。それぞれが非効率に経営することから脱却し、限られたリソースを効率的に活用して、なおかつ生産性を上げることが同時に求められる時代なのです。毎年マーケットが縮小している国において、従業員の高齢化を加味すると現状維持ではジリ貧であり、100%以上の成長を目指さなければならないということです。

私は、「M&Aはロープと同じ」とよく例えてお話しします。船の係留や、重い物を動かすときに、ロープはとても役立つ道具です。皆で引っ張れば大きな力を出せるし、まとめて効率的に運搬することもできる。結ぶ、ぶら下げる、投げる、引っかける、引っ張る、つなぐ……など、使い方はさまざまです。おぼれている人に投げて、救出することだってできます。

一方、使い方を間違うと、大きな事故にもなりえます。下手をすると自分自身が絡まってしまい、命を危険にさらす道具にさえなりかねません。

だから、「使い方」を正しく理解することが重要です。

M&Aの知識は経営者だけではなく、あらゆるビジネスパーソンにとっても知っておくべき「一般常識」、「必須科目」、そして「武器」となりつつあります。自分の勤めている会社がいつM&Aをしてもおかしくないからです。この知識が皆さんにとっての「命綱」となって役立つよう、10年にわたる私の現場での実践と経験を基に、本書で詳しくお伝えします。

社長の決断から始まる　企業の最高戦略Ｍ＆Ａ　**目次**

第2章 よくあるM&Aの誤解と質問

第3章 M&Aにまつわる20のストーリー

Ⅱ 成長戦略型のケース

第4章 M&Aを成功に導くための10カ条

第1章

なぜ今、M&Aが必要なのか

子供にだけ会社を継がせる時代は終わった

「Ｍ＆Ａなんて、うちのような中小企業には関係ない」と思っている経営者の方は、すぐにその考えを改めていただきたいと思います。中小企業を経営している皆さんが会社を存続・成長させていくうえで、Ｍ＆Ａは最重要戦略と言っても過言ではありません。

過去のＭ＆Ａ件数の推移を見ると、２０２０年は新型コロナウイルス感染拡大の問題で若干落ち込みましたが、２０２１年は大幅に伸びています。

そうです。皆さんがロータリークラブや商工会議所の集まりに参加したとき、たまたま隣に座っていた経営者が会社の譲渡を検討している最中だった、などということは、珍しくもない時代になったのです。

どうしてＭ＆Ａが増えているのでしょうか。理由は二つ考えられます。

一つは後継者難です。

もう一つは人口減少でさまざまな事業領域のマーケットが縮小していく中でも、次の時代に向けた成長戦略を描けるようにするためです。

まずは後継者難の実情からお話しします。かつて自営業の家庭に生まれた子供は、大人になったとき、家業を継ぐのが当たり前でした。少なくとも昭和の頃まではそうです。でも今は、子供をはじめとする親族に事業を引き継ぐ親族内承継の割合が大幅に減少しています。直近5年未満に事業承継をした経営者のうち、親族内承継だった人の割合は、全体の3分の1に過ぎません。

中小企業庁の「事業承継を中心とする事業活性化に関する検討会」の1回目（2016年4月）において、事業承継方法の変化について調査した数字を見ると、35年以上40年未満に行われた事業承継、つまり1980年代に行われた事業承継では、92・7％が親族内承継でした。

しかし、0年以上5年未満に行われた事業承継では、親族内承継が全体の34・3％に低下しています。これは少子化による影響です。

厚生労働省によると、一人の女性が産む子供の数を示す合計特殊出生率は、2022年で1・26まで低下しました。ちなみに1971〜1974年の第二次ベビーブームのときの合計特殊出生率は2・0を超えていますから、生まれる子供の数がおよそ半分に減ったことになります。

一人の女性が一生涯に産む子供の数が1・26人と少なく、しかも日本ではまだ男性が経営者になるものだという先入観が強いため、子供をはじめとする親族内で事業承継をするのが、ますます困難になります。男女が半々の確率で生まれると仮定すると、男の子が生まれる人数は０・６３人でしかないからです。そのうち、約半分の確率で継いでくれると仮定すると約０・３人になってしまいます。

　子供の人数の問題だけではありません。子供の未来を考えない親はいないので、例えば少しでも良い教育を受けさせようとして、小学校から私立に通わせるとします。小中高一貫校であれば、そのまま一流大学に入学することも多いでしょう。卒業後は一流企業に勤務し、結婚をし、都内にタワーマンションを買ったりします。この時点で子供の年齢は30代の半ばくらいでしょうか。同時に親は70代に入り、そろそろ経営を誰かに引き継ぎたい年齢に差し掛かってきます。

　ところが、子供はすでに生活の基盤を確立してしまっているので、「そろそろおまえに社長を譲ろうと思っているのだが」と切り出したところで、首を縦に振ってくれる可能性は低いでしょう。ましてや会社に借金があり、それを社長が個人保証しているとなったらなおさらです。家族の理解を得るのにも苦労するでしょう。

　また、親自身も経営者として苦労を重ねてきて、それでもなお個人保証している会社の借金を完済できていないとなると、同じ苦労を子供にさせるわけにはいかない、「継がせる不幸」を味わわせるわけにはいかないと考えるのでしょう。子供に「会社を継いでほしい」と一言も言うことができないケースも少なくありません。

そういう経緯で親族内承継が困難となったとき、多くの経営者は自分の会社内で後継者を探そうとします。

しかし、従業員承継もかなり難しいでしょう。そもそも業績が良い会社だったら、株式の評価額が高いので、従業員や役員では、社長が持っている株式を全部引き受けるのは、資金的に困難です。逆に業績が悪くて多額の借金を抱えているような会社だとしたら、借金の個人保証を引き継がなければなりませんし、同時に倒産リスクも抱えることになります。後継者に指名された人物が、「今まで社長にはさんざんお世話になったから、ここは俺が会社を守り抜いてみせる」と決意しても、妻から「この歳になって、そんなに大きな借金を個人保証なんかしてどうするの！　売れない株なんて買わないで！」と言い返されたら、二の句が継げないでしょう。

こうして親族内承継・従業員承継ともに難しいとなると、大半の中小企業は廃業に向かって一直線ということになりがちです。東京商工リサーチの調査によると、休廃業や解散に至った企業の6割は黒字だったというデータもあります。黒字でしっかり法人税を納めていた会社が、後継者難から廃業せざるをえないのは、国益にとっても大きな損失となって

図表1−1　経営者在任期間別 現経営者と先代経営者の関係

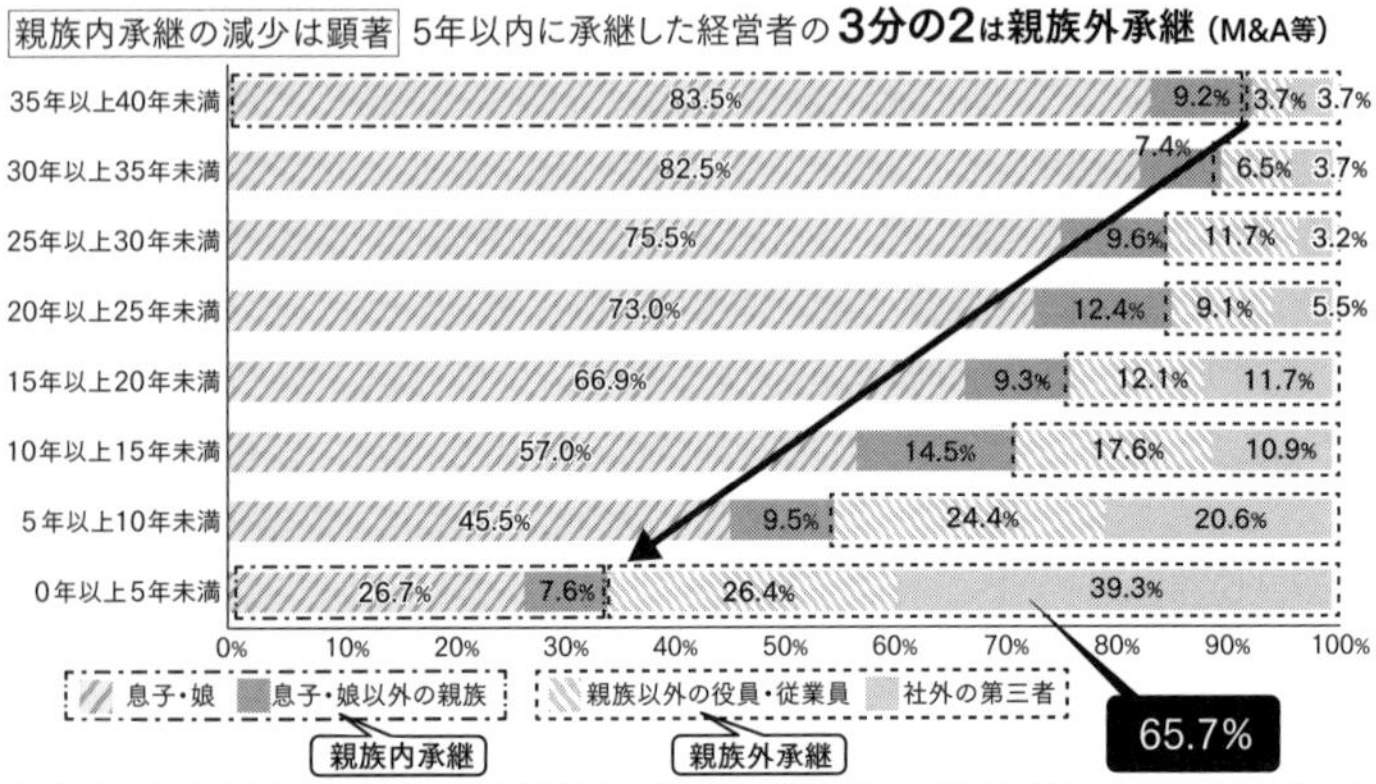

出所：中小企業庁委託、みずほ総合研究所「中小企業の資金調達に関する調査」を基に日本M&Aセンターが再編加工（2015年12月）

しまいます。

そこで注目されるのが、親族でも従業員でもない社外の第三者への承継、すなわちM&A等です。今から35年以上前にはわずか3・7%に過ぎませんでしたが、今では全体の39・3%が第三者による事業承継になっています（図表1−1）。

中小企業経営者の方に申し上げたいのは、それだけM&Aが事業承継の一形態として一般化してきたということです。

前出の事例で言うと、経営者が後継者を検討するとき、まず自分の子供を筆頭に親族内での承継を検討し、それがダメなら従業員承継、それでもダメならM&Aによる第三者承継という順番で考えるのではないでしょうか。

つまりM&Aは、事業承継の選択肢の中で一

図表1－2　事業承継の3つの方法

事業承継の3つの方法

❶親族内承継　❷従業員への承継　❸M&A（第三者承継）

❶親族内承継における悩み
・「子供が自分の好きな仕事についていて事業を継がない！」
・「子供が経営者になるには荷が重く、継がせる不幸になってしまう！」

❷従業員への承継における悩み
・「株式の買取資金を、後継者が用意できなかった！」
・「個人保証の交替手続き時に、後継者が金融機関の審査に通らなかった！」

❸M＆A（第三者承継）を選択する経営者が増えている
・「良い相手に巡り合えて事業上の相乗効果もあり、安心して引退できた！」
・「子供が医師になり、別の道に。会社を存続させ、従業員の雇用を継続できた！」
・「個人保証から解放され、精神的にラクになった！」

番劣後する策と捉えている経営者が大半だと思います。

しかし、そうではありません。大事なのは親族内承継、従業員承継、第三者承継を一つのテーブルに載せて、会社と従業員、そして経営者本人にとって、どれを選ぶのがベストなのかを考えることです。親族内承継ができないから、従業員承継ができないから、やむをえずM＆Aによる第三者承継を検討するのではなく、むしろ第三者承継も最初から並行して検討すべきです（図表1―2）。

将来を考え、若い経営者が続々とM&Aを決意している

M＆Aが増えているもう一つの理由は、成長

戦略を描くためです。

M&Aといえば「事業承継」というイメージが非常に強いせいか、M&Aを検討している企業経営者は70代の高齢者が中心と思われがちです。しかし、実は40代、50代の経営者の間でも、真剣にM&Aを検討している人が増えてきています。これは私の肌感覚の話ですが、ここ4、5年で、特に若手の経営者からM&Aに関する相談を受ける機会が劇的に増えました。

ただ、M&Aを検討するモチベーションが、事業承継を目的にM&Aを検討している経営者と大きく異なります。何かというと、若手経営者は自分の会社がさらに成長するための戦略の一つとして、M&Aを検討しているのです。

例えば今、45歳の経営者がいるとしましょう。最近は健康寿命も延びていますから、まだあと15年、20年くらいは経営に関わっていけるでしょう。

ただ、ここで心配になるのが、これから15年後、20年後の経営を取り巻く日本の状況はどうなっているのかということだと思います。

経営者である以上、従業員やその家族に対する責任を一身に背負っています。不幸にして倒産してしまったら、従業員とその家族を路頭に迷わせるだけでなく、個人保証をしている会社の借金で、経営者自身の将来も崩れてしまう恐れがあります。そういう立場にある人間として、15年後、20年後の経営を取り巻く日本の状況をイメージしたとき、果たして今より明るい未来を想像できるでしょうか。

正直、日本の未来は決して明るくはありません。なぜなら前代未聞の超少子高齢社会であり、人口は年々、減少の一途をたどっていくからです。

日本の総人口は２００８年に１億２８０８万人で最高に達した後、徐々に減少し始め、２０２０年には１億２６１５万人でした。国立社会保障・人口問題研究所の２０２３年の推計によれば、２０４０年の推計人口は１億１２８４万人。２０７０年には１億人を割り込んで８７００万人に減少する見通しです。

さらに、日本の生産年齢人口（15歳以上65歳未満）は、１９９５年がピークで８７１６万人でしたが、２０２０年は７５０９万人に、２０７０年には４５３５万人まで減る見通しです。ピークをつけた１９９５年から70年を経て約半分まで生産年齢人口は減少します（次ページ図表1―3）。このインパクトは非常に大きいと思われます。

劇的な人口減少によって、日本経済のパイそのものが半減するとしたら、日本の中小企業の約半分は立ち行かなくなる、あるいは売上が半分になってしまいます。

ちなみに独立行政法人中小企業基盤整備機構によると、日本の中小企業数は３５７万８１７６社（平成28年経済センサス――活動調査）ありますが、仮に生産年齢人

図表1－3　生産年齢人口の減少

人口減少により経済環境は厳しくなる

POINT 2070年に生産年齢人口は半減　市場の縮小は必至

生産年齢人口　1995年8,716万人 ➡ 2070年4,535万人

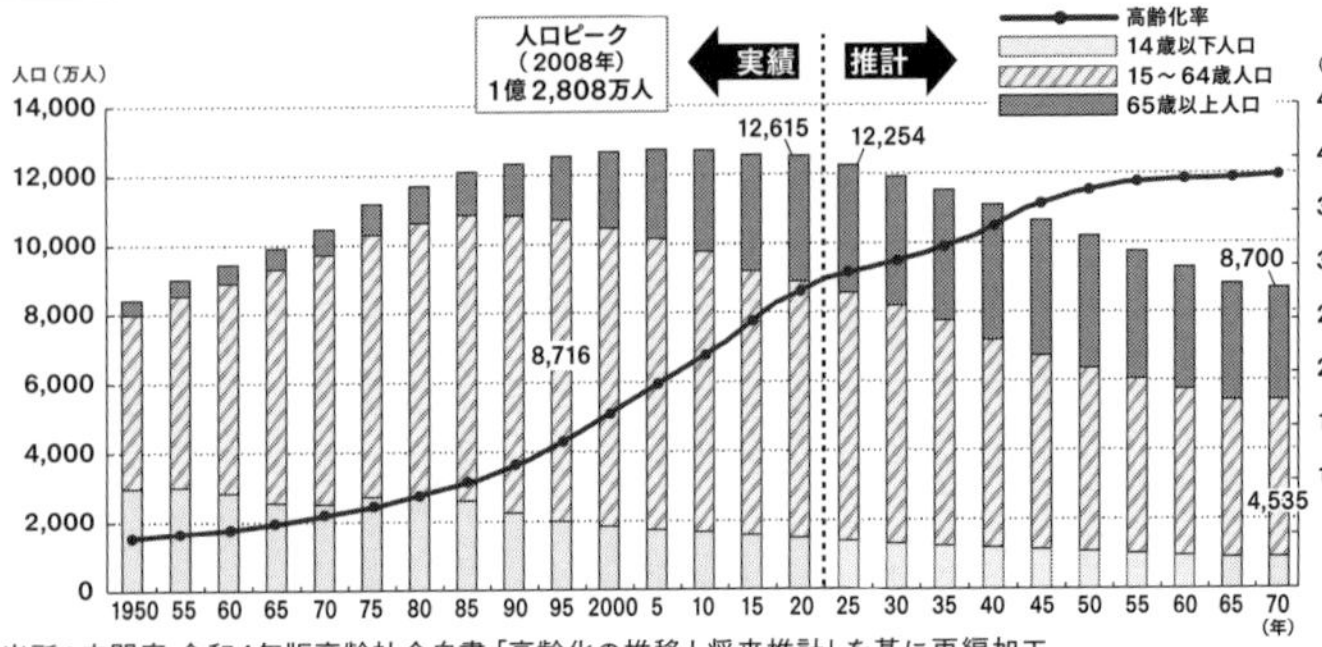

出所：内閣府 令和4年版高齢社会白書「高齢化の推移と将来推計」を基に再編加工

口が半減したら、単純計算すると１８０万社程度で十分に需要を満たせることになります。特に国内マーケットをメインにしている地域金融機関などの内需型産業、あるいは衣食住に関わっている企業は、その影響を直接受けます。

日本経済は人口減少によって構造的な大転換を迎えようとしているのです。それもシュリンクするほうに向けての大転換です。そして、この大転換を乗り切るために、多くの中小企業経営者はさまざまな自助努力をしています。

それでも何とか経済がシュリンクするペースを超えて会社を成長させられたとしても、売上、利益が前期に比べてトントンだったら、雇用している従業員に対する労働分配率も上がりません。ボーナスは増えず、ベースアップもないという状態が続けば、いずれ従業員からは見放さ

図表1－4　成長戦略と事業承継のタイミング比較

M&Aは常に有効な戦略の一つ

POINT 例えば、企業の成長ステージや年齢ごとに、有効なM&A手法がある

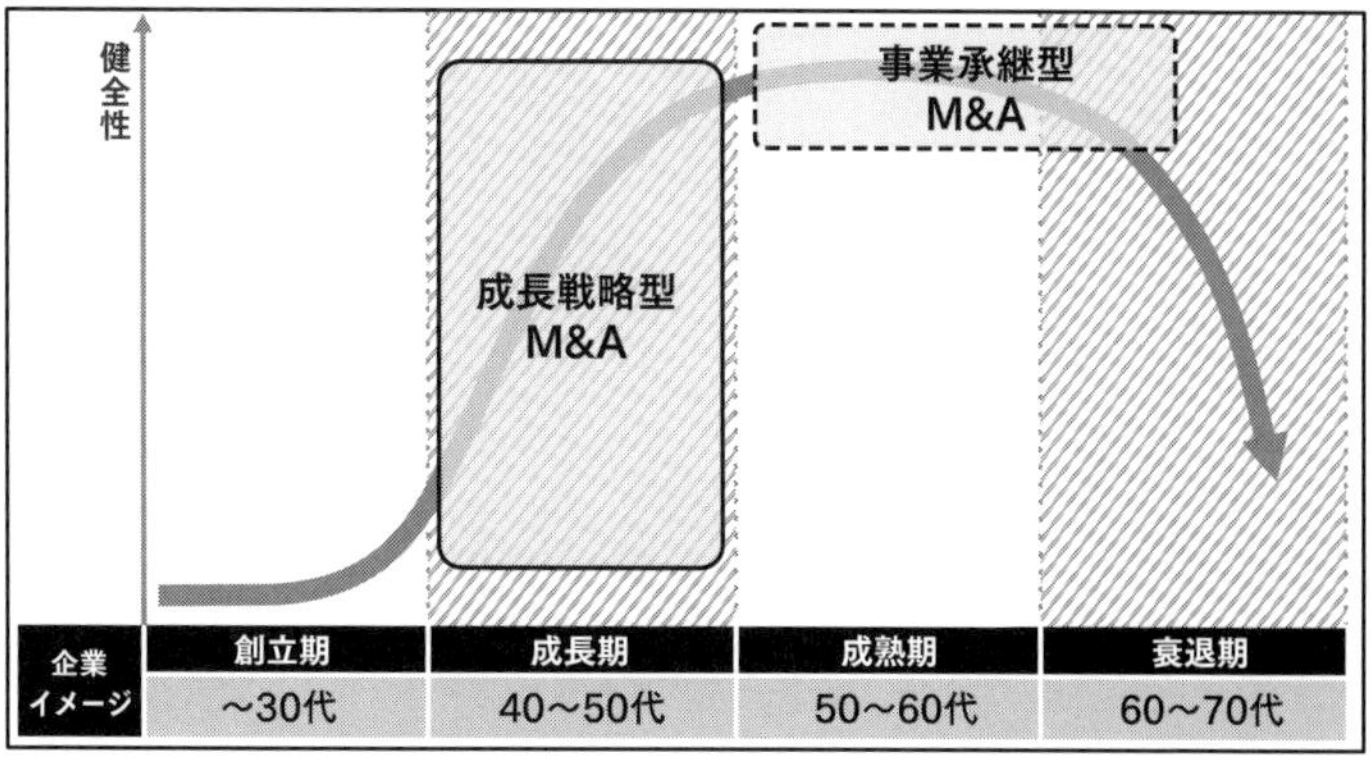

れ、かつ新入社員も入ってこなくなるでしょう。従業員の高齢化がどんどん進み、経営は存続の危機に陥ります。

人口減少をものともせず、事業の成長を実現するための方法は、そう簡単なものではありません。従来の仕事のまま、全従業員の頑張りに期待するのは限界があります。外部の経営コンサルタントを入れたところで、急に会社が成長することは難しいでしょう。

まさに八方塞がりの状況の中で、ビッグバンを起こせるくらいの改革を行う場合、どんな手を打てばいいのか？

そのとき「Ｍ＆Ａ」が、有効な手段の一つとなってきます。

そして今の若い経営者は、この厳しいマクロ経済環境の中でも自分の会社が生き残れるよ

う、より高い成長の実現を目指す経営戦略の一つとして、M&Aを真剣に考えているのです（前ページ図表1-4）。

会社を「譲受け」するのか、「譲渡」するのか

ここまでお読みになられた経営者の方は、どういう考えを持たれたでしょうか。

ひょっとしたら、自分の会社の業容を拡大するために、自分が譲受け側としてM&Aを行おうと考えていらっしゃるのではないでしょうか。

違います。私が申し上げたいのは、自分が今、社長として経営している会社を「譲渡する」という話です。ここで躊躇される経営者が大勢いらっしゃるのですが、後継者問題はもちろんのこと、生き残りを賭けた成長戦略が壁に突き当たったときの起死回生の方法は、今、自分が経営している会社の株を譲渡することにあるのです。

「そんなことをしたら、自分は社長を辞めなければならなくなるじゃないか」

そうおっしゃる中小企業経営者の方は大勢います。恐らく、私がこれまで面談した経営者のほとんどが、そう考えていました。

でも、そうではありません。詳しくは後述しますが、これはまさに〝M&Aの勘違いあるある〟で、実は自分が経営している会社の株を譲渡しても、そのまま社長として活躍していらっしゃる方は大勢います。むしろ、会社を譲渡した途端、すぐに引退される経営者のほうがまれと言っていいでしょう。

恐らく、本書を読まれている方の大半は、中小企業経営者だと思います。売上ベースで、1～2億円から10億円前後といったところでしょうか。これはまさに発想の転換だと思うのですが、実際のところ、このくらいの規模の会社であれば、ほかの会社を譲り受けるよりも、自分の会社を譲渡したほうが、会社の成長により大きな効果を得ることができるはずです。

例えば売上が5億円程度で、従業員が20人程度という会社が、同じ規模の会社を譲受けしたとしましょう。このM&Aは、かなりの確率で失敗します。M&Aは契約が成立したところがゴールではなく、スタートラインになります。そこからさまざまな擦り合わせを行い、お互いにシナジーを発揮できるようなビジネスモデルを構築していかなければなりません。場合によっては、追加の設備投資が必要になってくるでしょう。

しかし、事業規模の小さい会社には、シナジー効果を創出できるだけの経営資源がありませんから、同規模の会社を譲り受けたとしても、それを武器として十分に使いこなすことができず、ただお金を払ってグループ会社を一つ増やしただけで終わってしまいます。それは、会社を譲渡した側にとっても不幸なことです。

その点、売上が２００億円くらいあって、従業員数も１００人、２００人という会社に譲渡すれば、譲渡した側はさまざまなメリットを享受できます。当然のことですが、売上10億円の会社に比べて、売上２００億円の会社のほうが、販売網や商品・サービス開発力に秀でていますし、さまざまな経営インフラも、より優れたものを持っています。

例えば従業員が数人しかいないような中小企業の中には、請求書を手入力で作成している会社もあります。ＤＸの時代に、手入力で請求書を起こしているのは時代に逆行しているように思えますが、経営規模が小さいゆえに資金力がなく、最新のインフラを導入できないため、こういう事態を受け入れざるをえないのです。

そこで、事業規模が段違いに大きな会社に譲渡すれば、自分の会社の経営規模は小さくても、例えば売上２００億円の会社が持っている各種インフラを有効活用でき、結果的に生産性を向上できます。あるいは、そういう会社の販売網も活用できるので、売上の向上を図ることもできるでしょう。少なくとも、売上が20~30億円に満たないような会社であれば、ほかの会社を譲受けするのではなく、自分の会社を譲渡することで成長路線に乗せるという戦略を検討したほうがよいと思います。

中部地方の運送会社が関東地方の青果卸に会社を譲渡したワケ

成長戦略を描くためのＭ＆Ａで、成功している事例を一つ取り上げてみましょう。正確には成長戦略と事業承継をミックスさせたような事例ですが、私が面談したのは中部地方にある運送会社の社長でした（企業が特定されないように一部情報を変えています）。

年齢は40歳になったばかりと若く、子供は小学生の男の子がいます。会社を継いでくれるかどうか今はわかりませんが、将来、継いでくれればうれしいものの、無理やり継がせる気はありません。ただ、ご子息のほうから継ぎたいと言ってきたときに、経営で苦労しない程度にはしておきたいという親心からＭ＆Ａに踏み切ったという事例です。

この運送会社の売上は3億円程度で、従業員数は10人。大手運送会社の下請けで一般貨物の運送をしていました。業績は黒字でしたが、社長の報酬をかなり下げていたので、実質的には赤字です。もちろん売上の規模からいっても、この運送会社がほかの会社を譲り受けるということではなく、譲渡するという話です。

譲渡する側の経営者が一番悩むのは、私たちのような仲介会社と契約を結ぶときです。

大勢の経営者と話をしていると、この時点で自分の会社を譲渡することが確定すると勘違いしている方が大勢いらっしゃいます。これも〝M&Aの勘違いあるある〟です。

私たちと提携仲介契約を結んだ時点では、会社の譲渡が確定したわけではありません。あくまでも、私たちと譲渡先の可能性を探るための契約を結ぶだけの話です。この契約を結んでいただかないことには、私たちは譲渡先を探すことができません。加えて、仮に譲受けしたいという会社が現れたとしても、実際に譲渡するかどうかは、譲渡企業と譲受け企業双方の経営者間での話し合いがうまくいくかどうかにかかっています。話し合いがうまくいかなければ、私たちがまた新たな譲受け先を探すことになります。

そして、再び譲受けしたいという会社が現れ、双方の経営者間での話し合いがまとまったら、双方合意の下で基本合意契約が締結されます。この時点でいよいよ本格的に会社を譲渡するための手続きが始まります。

ご理解いただけたでしょうか。繰り返し申し上げますが、提携仲介契約を私たちと結んだ時点では、まだ会社の譲渡が確定したわけではないのです。

結果的に、この運送会社は関東地方の青果卸会社に譲渡しました。

このような組み合わせが実現できたのも、私たちがメガバンクや証券会社、地域金融機関、会計士・税理士事務所、ベンチャーキャピタル、ファンドなど、企業情報を扱っているさまざまな会社と広範なネットワークを築いているからです。それらのネットワークを通じて日々、M&Aに関心を持っているさまざまな会社をデータベース化しており、それを用いることによって、譲渡を希望している会社に最適なお相手を探すことができます。

だからこそ、中部地方の運送会社の相手として、関東地方の青果卸会社を見つけることができるのです。

結論を言いますと、このM&Aは成功しました。運送会社の売上は大きく伸び、かつ青果卸会社を親会社に持ったことにより、直荷《じかに》の仕事で利益率も上昇し、経営が安定したのです。

ちなみに青果卸会社が、なぜ自分たちの拠点から遠く離れている中部地方の運送会社に興味を持ったのかについても、簡単に説明しておきます。

青果の輸送にはノウハウが必要です。内容物ごとに適切な配達方法が違いますし、大きさや出荷規格も違います。鮮度を落とすわけにはいきませんから、適切な収穫時期に合わせて柔軟な対応が求められます。そして当然、品質管理上慎重な運転技術も求められます。

こうしたノウハウを持っている運送会社は意外と少なく、しかも運送業界は慢性的な人手不足のため、3月や12月のような繁忙期になると、青果を輸送する車が確保できない困った状況に直面していました。そのため、自社で運送部隊を持ちたいというニーズが、青果

図表1－5　中小企業 M&A のマッチング（業種・地域）

POINT 県外企業とのM&Aが活発化　同業以外の組み合わせが多い

日本M&Aセンター業種・地域別マッチング実績

	同業種	異業種	小計
同一都道府県	8.2%	20.0%	28.2%
他都道府県	29.4%	42.4%	71.8%
小計	37.6%	62.4%	100.0%

県外の企業との成約　約7割

出所：2022年度日本M&Aセンター成約実績より

卸会社にあったのです。

加えて、この運送会社に白羽の矢が立ったのは、中部地方に拠点を持っていたことです。

青果は品目ごとに一大生産地が分かれますが、それらの県で収穫された青果を全国に流通させるのが、青果卸会社の生業です。つまり、この運送会社が青果の一大生産地の一つである中部地方に拠点を持っており、しかも、大消費地でもある近畿地方にも近いので、全国流通もしやすいと考えたのです。

これにより青果卸会社は今まで外注に出していた費用がグループ内で回るようになりました。またこの運送会社には、青果輸送のノウハウができ、差別化が図れて利益率向上、さらには外販もできるようになりました。そして、近畿圏へ新たな拠点も出すことができるようになったのです。

一般的に譲渡先としては、県内の同業他社にと考えている方が多いと思います。この運送会社の社長も、会社の譲渡を決断したときは、きっと近くの同業他社と一緒になるものだと思っていたそうです。しかし、それだけでは双方にとって意義あるシナジー効果が得られない場合もあります。そこで私たちのような、M＆Aの専門会社が仲介する意味が出てきます。私たちは、同業他社ではなく、青果卸会社という全くの異業種とのマッチングを提案し、それを実現させて、大きなシナジー効果を生み出しました。これこそがM＆Aの醍醐味と言ってもよいでしょう。このように、中小企業は、県外の異業種の事業者とのマッチングによって、大きな相乗効果を生み出すことができる場合が多くあります（前ページ図表1－5）。

M＆Aに対する先入観をまずは捨ててください

なぜ今、日本の中小企業にとってM＆Aが重要な経営戦略の一つになりつつあるのかを説明してきました。

でも、このような話をしても、M&Aに対する偏見というか、誤解がなかなか解けないという現実があります。中小企業経営者の方々に「御社に興味を持っている会社がありま す」と言うと、「今までついてきてくれた従業員を裏切るようなことはできない」とか、「そんなことをしたら私を含めて全従業員が解雇されてしまうのではないか」などと、ネガティブな反応を示す人が大半であることが、何よりの証拠です。本来は、事業を存続させるうえで非常に有効な戦略なのですが、「M&A」という言葉に対して、ネガティブな先入観を抱いている経営者が本当に多いのです。

ですから、まずはその先入観を捨てていただいて、皆さんが我が子のように可愛いがってきた会社を存続させる経営戦略の一つとして考えてもらいたいのです。

どれだけ可愛い子供でも、いつかは親元から離れて自分の道を歩むようになります。逆にそうなってもらわなければ、困るのは親です。中にはずっと子供が一緒に生活してくれることを喜ぶ人もいますが、実際には、親は子供よりも先に年老いて、死んでいきます。親であるあなたがいなければ生活できないような子供では、困ってしまいます。

会社もしかりです。創業者でオーナーでもある皆さんが永遠に面倒を見られるものではありません。人間である以上、経営者は必ず経営の一線から身を引くときが訪れます。だからこそ、経営に余力があるうちに、自分の会社を存続させてくれるほかの会社に、子供のように可愛がっている会社を譲渡することを、早急に検討する必要があるのです。

譲渡することが本当に従業員を裏切ることになるでしょうか。後継者難で、会社の将来に不安を生じさせている状態、あるいは会社がジリ貧になっていく状態を続けることのほうが、むしろ従業員に対する裏切り行為ではないでしょうか。

「全社員が解雇されてしまう」というのも杞憂です。あなたの会社を譲り受けたいと言ってきている会社は、従業員や経営者の人的リソースに魅力を感じているからこそ、オファーを出してきているのです。そうである以上、従業員が全員解雇されるなどということは起こりません。安心してください。

これまで私は、非常に多くの会社のＭ＆Ａを見てきましたが、譲渡した会社のほとんどは社名も変わらず、従業員どころか経営者もそのまま継続雇用されています。それはちゃんと売上や利益が出ていて、譲り受けた会社にとって非常に魅力的な経営資源があるからです。

現状、うまく経営が回っているにもかかわらず、新しくオーナーになった会社の経営陣が乗り込んできて、あれを変えろ、これを変えろ、などとうるさく口を出してきたら、それに嫌気が差して辞める従業員が出てきてしまいます。それでは譲受けした会社にとって大きな損失ですから、経営方針を大きく変えるようなことはしないのが通常です。

確かに、M&Aを通じて会社を譲渡すれば、経営権と最終責任は譲受けした会社に移ります。元のオーナーから譲受けした会社に株式が移るのですから、それは当然のことですが、M&Aで変わることと言えば、恐らくその程度です。つまり、株式を保有するオーナーが変わるだけなのです（次ページ図表1-6）。

もちろん業績が悪く、債務超過に陥っているような会社を再生させるためにM&Aが行われたとしたら、譲渡した会社は大幅リストラになり、恐らく経営陣も総入れ替えになるでしょう。

しかしそもそも、そこまで劣悪な経営状態に陥っている会社を譲受けしようなどと考える会社は、ほとんどありません。ですから、もし皆さんの経営している会社に、M&Aのオファーがきたとすれば、それは会社の業績、あるいは人材も含めた経営資源が高く評価されている証でもあるのです。

その意味でも、「当社とのM&Aを検討しませんか」、「うちのグループに入りませんか」と声がかかったときが、最大のチャンスなのです。このチャンスを逃すと、そのうちに経営環境が変わって「あのとき、会社を譲渡しておけば……」ということになる恐れがあります。実際、これまでそういうケースをたくさん見てきました。

ですから、話がきたときにすぐ動けるように、まずはM&Aに対する〝間違った〟先入

図表1−6　M&A（第三者への承継）のメリット

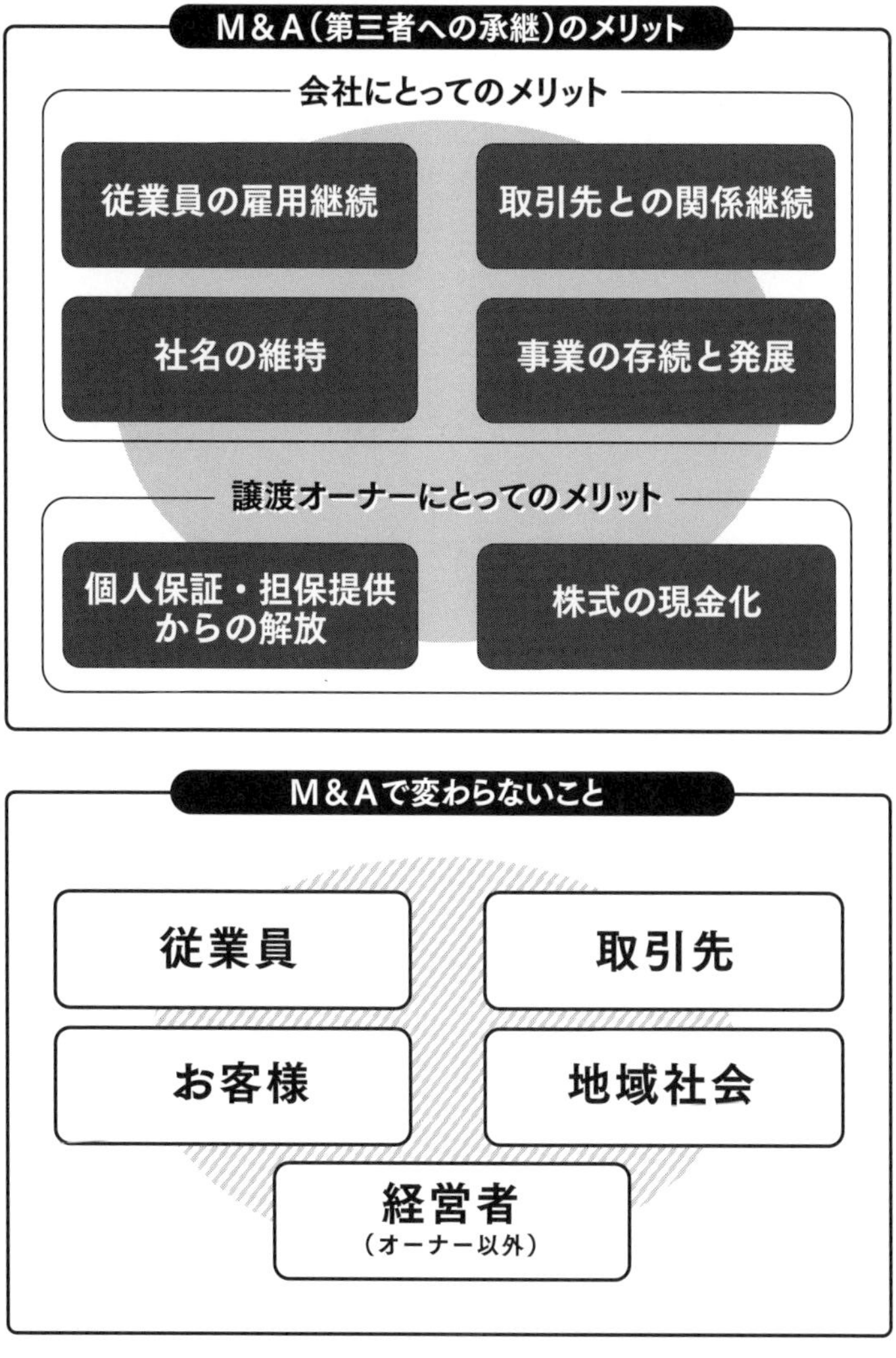

観を捨てて「正しく理解すること」。そして「自分の会社を未来に向けて存続、発展させる経営戦略の一つ」と考えたうえで、自社にとって、あるいは経営者自身にとって、どういうメリット、デメリットがあるのかを、漠然としたイメージではなく「きちんと理解すること」をお勧めします。

M&Aで解決できる！中小企業の「4つの課題」

本書の目的は、中小企業経営者に、自社を、より経営規模の大きな企業に譲渡して、事業を存続、そして発展するようお勧めすることにあります。

このように申し上げると、いろいろ反発もあるかと思われますが、前述したように、これからの中小企業経営者は、厳しい経営環境の中で、自社をサバイブさせるための戦略の一つとして、M&Aを積極的に検討していく必要があります。M&Aを戦略に入れずして、将来、確実に人口が減少し、マーケットがシュリンクしていく日本で生き残れる保証はありません。

それにも増して、M&Aを実行に移すことで非常に多くのメリットを享受できるように

図表1−7　M&A マーケットの推移

POINT 2021年は2年ぶりに最多件数を更新

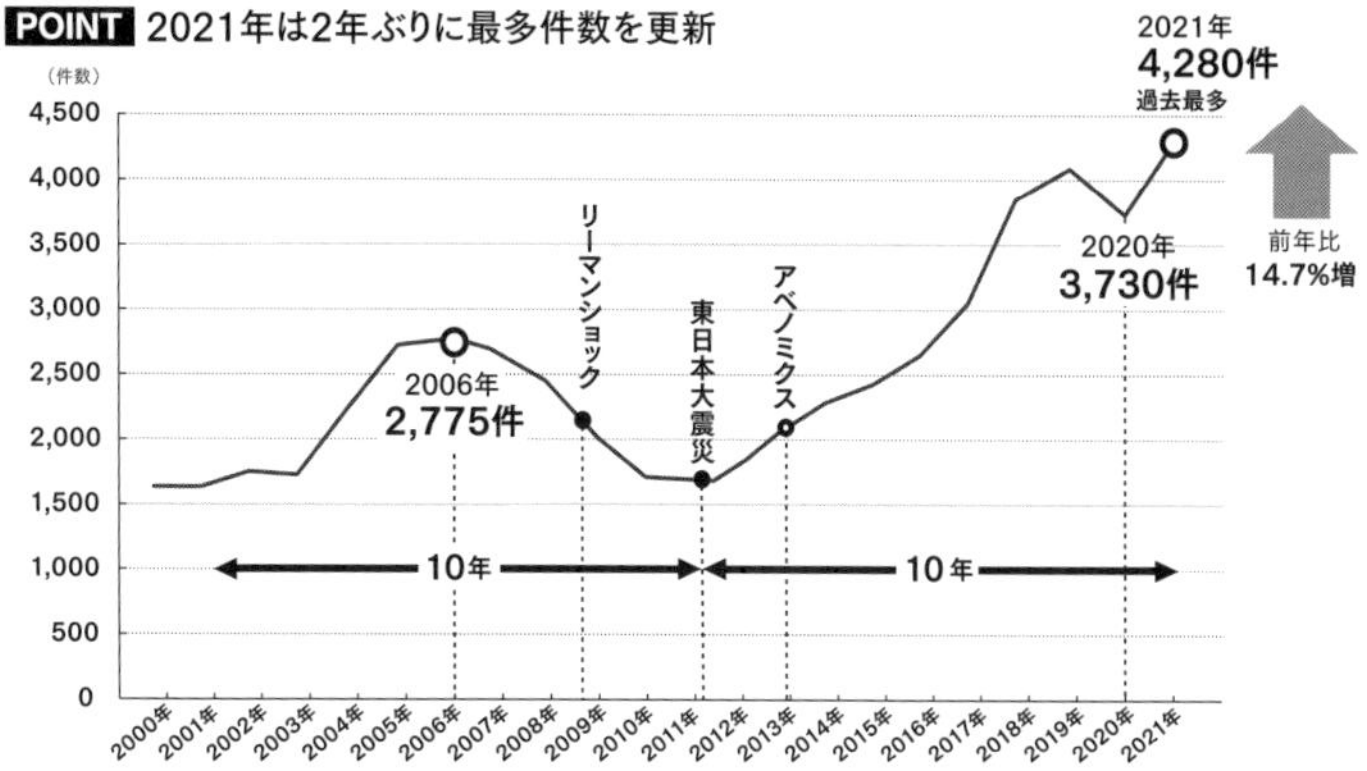

出所：レコフM&Aデータベースより日本M&Aセンター作成（2000/1/1～2021/12/31　IN-IN,IN-OUT, OUT-IN合計）
※グループ内M&A除く。買収・吸収合併・資本参加・事業譲渡件数

なります。

M&Aは、会社を譲渡しようとしている側にとって、課題解決の一手段になります。それこそが最大のメリットです。現にM&Aを導入する企業は図表1−7のように増え続けています。それだけ、マーケットは拡大しており、経営戦略として新たな常識となりつつあります。

では、中小企業が現在抱えている課題とは、いったい何なのでしょうか。これは大きく4つに分かれます。「採用・教育力」、「販売力」、「技術力」、「資金力」です。逆に、これらの問題を自力で解決できるのであれば、M&Aを検討する必要はありません。しかし、よく考えてみてください。恐らく大半の中小企業は、この4つのうち、いずれかの問題を抱えて困っているはずです。

例えば販売力。販売力には当然のことですが、人の力が深く関係しています。多くの中小企業は人材不足に陥っており、それが販売力を低下させています。

なぜ人材不足に陥っているのでしょうか。

それは採用や人材育成に時間を割けるだけの余裕がないからです。採用の専用サイトを持っている中小企業はどのくらいあるでしょうか。恐らく非常に少ないと思います。

あるいは新人が入社してきたとき、しっかり新人教育ができるでしょうか。「俺の背中を見て学べ」という時代ではなくなりました。福利厚生制度に加え、スキルを高めることができる教育制度、昇格制度など、人の待遇面が充実していないと、有能な人材を獲得することはできません。この会社で働き続ければ、相応に仕事の実力が身に付いて、それが昇進・昇給につながるという未来がある程度見えてこないと、従業員自身も不安な気持ちで働き続けることになります。それでは長続きしません。残念なことに今の中小企業に勤務している人たちの大半は、そこでいくら働き続けたとしても、明るい未来を思い描くことが難しい厳しい状況にあります。

優秀な人材を採用できなければ、会社の売上はジリ貧をたどります。実際に、営業部を持たない中小企業はたくさんあります。中小企業の中には、世界を見渡しても唯一無二とも言えるような、素晴らしい技術を持った会社がたくさんありますが、そのような中小企業でも、営業部を持っていない場合があるのです。それでも仕事があるのは、口コミで評判が広がっているのもさることながら、社長がトップセールスを行っているからです。

しかし、口コミに頼って仕事の依頼がくるのを待つ、あるいは社長がトップセールスで案件を獲得してくるのを待つ、といった待ちの姿勢では、恐らく売上は劇的には伸びないでしょう。

特に危険なのは、売上全体に占める取引先1社あたりの割合が30％を超えてしまうことです。営業人材がいないことに加え、社長のトップセールスも時間の制約で頻繁に行えないため、現状において従業員に給料が払えるだけの売上が立っていると、さらに取引先を増やして売上を伸ばすところまで意識を向けることが難しいのです。

仮に1社の売上が全体の30％を占めている状態で、その大得意先が取引を解消してきたら、どうなるでしょうか。売上の30％が一気に消えることになります。それで黒字を維持できる会社はほとんどありません。まさに危機的な状況です。そのような状況に直面しないようにするには、優秀な人材を獲得して、販売力を高める必要があります。

人材確保に苦しんでいる中小企業が、売上５００億円規模で、東証プライムに上場しているような企業にグループインできたら、人材の採用力は各段に上がるはずです。従業員の名刺にも「東証プライム上場企業グループ」と入れることができ、就職情報サイトでの注目度も大きく変わってきます。結果、一中小企業だったときとは比べものにならないほど、人材確保は有利になります。

また中小企業の中には、極めて卓越した技術力を持っているのに、販売力がないために魅力を出し切れていないところがたくさんあります。そうした企業が、販売力に長けている大手企業と手を組めば、大手企業の販売力を活用して売上を伸ばすことができます。

逆に、卸業をメインに行っている中小の商社で業歴が長く、例えば全国のコンビニエンスストアに卸せるなど、優れた販売力はあるのに、売れ筋の商品を扱っていないため、業績が今一つという場合にも、Ｍ＆Ａは有効です。一流の技術力に支えられた商品開発を行っている会社、ブランド力のある商品を製造している会社とのＭ＆Ａを通じて、もともとあった販売力を最大限に活かして売上を伸ばすことができます。

このように採用・教育力と販売力、技術力は、それぞれが複雑に絡み合っているケースが多いのですが、それらの課題はＭ＆Ａによって一気に解決できるのです。

そして資金力についてですが、後継者問題を抱える中小企業が億単位の融資を受けることは、まず不可能でしょう。資金を調達する力がなくなると、新たな設備に投資することもできなくなります。結果、設備がどんどん老朽化し、どれだけ高い技術力を持っていたとしても、徐々にその競争優位は後退してしまいます。

そこで、上場企業や、それに準じる企業のグループに入れば、銀行の与信は大きく変わるはずです。資金力が高まれば、新しい投資ができるようになるので、競争力も高まります。当然、キャッシュフローの安定化にも寄与します。

飲食業同士のM＆Aで、うなぎ料理店とふぐ料理店が一緒になったケースがありました。うなぎは夏になると売上が伸びますが、冬はそうでもありません。逆にふぐは冬、「てっちり」で売上が伸びるので、この両社が組み合わされると、お互いに売上が落ちる季節を補い合えて、季節要因によるキャッシュフローのブレを最小限に抑えられるのです。

BCP（事業継続計画）と海外展開対策が補強できる

大企業の場合、国内外に複数の工場を持っているなど多拠点で活動を展開していますが、中小企業では工場に事務所が併設されているなど、多くの企業が一拠点で活動しています。それは大きなリスクであり、その解決にもM＆Aが役に立ちます。

近年、地震や台風などの自然災害で大きな被害が出ています。自宅の床上浸水といった話だけでなく、企業活動にも大きな支障を来しています。

たまたま河川の近くに工場を持っていて、その河川が台風で氾濫したら、たちどころに業務停止に追い込まれてしまうでしょう。ＢＣＰ（事業継続計画）の観点からすれば、複数の生産拠点を持ち、工場Ａが河川の氾濫で稼働できない状態に陥ったとしても、工場Ｂで補えるという状況をつくるべきですが、中小企業の場合、そもそもその対策を講じるだけの経済的な余裕がありません。だからこそ、Ｍ＆Ａを活用するのです。

もし、自社よりもはるかに多くの生産拠点を持っている大企業と一緒になれば、そのリソースを利用できます。自社で多額の投資を行って複数の生産拠点をつくらなくても、もともと大企業が持っている生産拠点の生産能力を使わせてもらえるので、ローコストでＢＣＰ対策を講じることができるのです。

また、日本国内をメインマーケットにしている中小企業が、多国籍展開している大企業にグループインできれば、海外展開が容易になります。

例えば外食産業は基本的に内需産業ですから、日本の人口減少による影響をダイレクトに受けます。1億2000万人の人口が遠くない将来、1億人を割り込むようになれば、売上の大幅減は避けられません。下手をすれば企業として存続の危機に立たされる恐れもあります。

このように、国内のみで事業展開することのリスクを回避するためには海外展開が有効ですが、それまで海外展開をしたことのない企業がそれを実行するには、非常に高い壁が立ち塞がっています。

独自に進出しようとすれば、進出先となる国のマーケティングが必要ですし、人材採用、店舗設営などもすべて自社で行わなければなりません。法律や税金の問題もクリアしておく必要があります。実際に業務がスタートしてから、売上が立ち、利益が得られるようになるまでには、相応の時間がかかるでしょう。その間、赤字でも耐えられるだけの資金力も必要になってきます。

日本国内だけでは売上が落ちるのは必定。でも、海外に進出するにはノウハウもなければ資金力も不足しているとなれば、これはもう八方塞がりです。

この問題を解決するのが、海外に進出している企業とのＭ＆Ａです。日本国内で外食事業を展開している会社で、中国に進出している食品メーカーのグループに入ったことにより、中国展開を進めることができた会社があります。食品メーカーが蓄積してきた中国ビジネスのノウハウを存分に活用することによって、中国で年間１００店舗以上を出店しています。

大企業側にも小さな企業を受け入れるメリットがある

中小企業経営者の方は、恐らくこうも思っているかもしれません。

「うちのような小さい会社を、大手企業が相手にしてくれるはずがない」

本当にそうでしょうか。中小企業経営者にとって自社を譲渡することが、その会社を存続させるうえで、重要な戦略になるということを申し上げました。M&Aは、後継者難だけでなく、採用・教育力や販売力、技術力、資金力などに問題を抱えている中小企業が直面している難局を解決する良策になるからです。

ただ、M&Aを成立させるためには、譲り受ける側にもメリットが必要です。多くの中小企業経営者は、前述したように、「うちのような小さい会社を、大手企業が相手にしてくれるはずがない」などと考えがちなのですが、決してそのようなことはありません。経営規模が格段に大きな企業が「御社を譲り受けたい」とオファーをするのには、譲り受ける側にも理由があるからです。

例えば小さな町工場が持っている、キラリと光る技術力などは誰もが欲しがります。惜しまれながら廃業してしまいましたが、「痛くない注射針」の技術を開発したのは、東京都墨田区にあった従業員わずか数名の岡野工業でした。代表社員（社長）の岡野雅行氏は、世界的な金型職人として知られていて、その技術力を世界の大企業や米国のＮＡＳＡ（アメリカ航空宇宙局）も注目したといわれています。そのほかにも、世界で最も小さいネジを作っている会社など、世界に通用する素晴らしい技術を持った中小企業はたくさんあります。

「多額の資本を持つ大手企業なら、中小企業の技術を自社で開発するくらい簡単ではないか」と思う方もいらっしゃるでしょう。しかし、実際はそう簡単ではありません。

大手製造業の場合、さまざまな部品を組み合わせることによって「製品」を生み出すことはできますが、要素技術である一つひとつの「部品」を作ることまではしていません。そこまでカバーすると、経営効率が悪くなるからです。

例えば、皆さんが毎日使っているスマートフォンに使われている部品の大半は、そのスマートフォン・メーカーと契約している、外部のサプライヤーによって供給されています。ちなみにｉＰｈｏｎｅで世界的に知られているアップル社に部品などを供給しているサプライヤー数は、上位たった２００社で全体の98％を占めており、意外と多くありません。

こうしたサプライヤーは、例えばセンサーであればセンサー専業、ネジであればネジ専業というように、一つの技術分野に特化して技術力を進化、ならびに深化させているため、その分野におけるノウハウがどんどん蓄積されていきます。大企業は、このノウハウが欲しいのです。

そうした特殊技術を持った町工場の多くは今、後継者難で風前の灯火になっています。そして、ひとたび廃業になれば、その特殊技術は誰に引き継がれることもなく消えてしまいます。それは多くのサプライヤーの技術によって支えられている日本の大企業にとって大きな損失です。大企業にとって中小企業を受け入れるメリットが十分にあるのです。

また、ノウハウだけでなく時間を効率化するという目的もあります。全国展開している外食チェーンに見られるケースですが、例えば金沢に新しい焼肉店を出店する場合、金沢で物件を探し、建物を建て、スタッフを募集して教育し、さらに仕入先を探すとなると、それなりに時間がかかります。今のビジネスはスピードが大事ですから、自分のところで一から立ち上げるよりも、すでに地元で数店舗、飲食店を展開しているような会社を譲り受けたほうが店舗をそのまま使えますし、仕入先やスタッフも変える必要がないので、出店までの時間を大幅に短縮できますし確実です。

あるいは有資格者や経験者を多数確保したい場合に、M&Aを用いるケースがあります。例えば建設業許可を得るためには、営業所ごとに専任の技術者を常勤で置く必要があるのですが、専任技術者として認められるためには、一定の国家資格を持っていることや、10

年以上の実務経験があることなどが求められます。

たとえ大企業であっても新たに多くの有資格者を集めるのは大変ですし、10年以上の実務経験を持っている人を集めるために、ほかの会社からヘッドハンティングするにも、手間と時間がかかります。それであれば、M＆Aで有資格者や実務経験者のいる会社ごと譲り受けてしまったほうが、時間の節約になります。

第3章では、実際に私が関わったM＆Aのケースについてご説明しますが、小さい会社だから大企業の相手にされない、などということは決してないのです。むしろ、大企業から「御社を譲り受けたい」というオファーがあるということは、自分の会社には評価されるだけの強みがあるということなのです。そして、そういう会社だからこそ、大企業のグループに入ったとしても、経営者が交代させられたり、従業員がリストラされたりせずに済むのです。

大相続時代の到来

事業承継の重要性に関する公的データをお見せします。

次ページの**図表1−8**は、国税庁が公表している相続財産種類別表を基に試算した相続

図表1－8　相続財産の推移

900兆円超の相続財産が動く

出所：国税庁統計情報 相続財産種類別表を基に試算

図表1－9　相続資産内訳

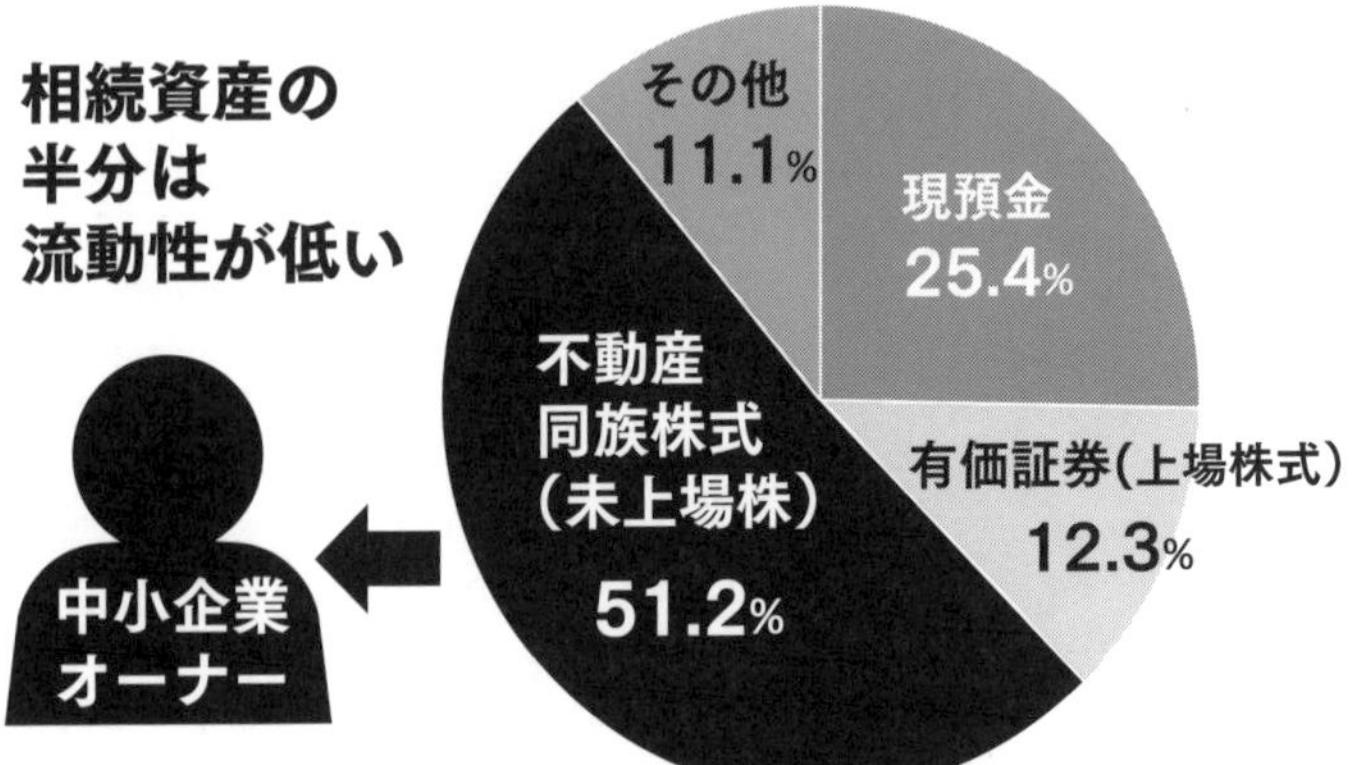

出所：国税庁統計情報 相続財産種類別表を基に試算

財産の推移ですが、２０２０年から２０３５年までの15年間で、合計９３６兆円もの相続財産が動くことを示しています。まさに大相続時代の到来です。

注目すべきは、その金額よりも中身です。同じく国税庁のデータを基に試算したもので、前ページの**図表1-9**は相続資産の内訳です。言い換えると、経営者のお財布の中身を示していると言ってもよいでしょう。

それによると、現預金が25・４％で有価証券（上場株式）が12・３％。不動産と同族株式（未上場株）が合わせて51・２％、その他が11・１％となっています。

現預金や上場株式などの有価証券は、その気になればいつでも現金化できます。非常に流動性の高い金融商品なのですが、問題は経営者のお財布の中身の過半を占めている不動産、ならびに同族株式です。

不動産は一応売却できるものの、存続している会社の工場、事務所などに用いられているものだとすると、相続した後、それを簡単に現金化するわけにはいきません。経営者の資産であるのと同時に、会社の収益を生み出す道具でもあるからです。

また、一番やっかいだと思われるのが同族株式です。特に本書の読者層である中小企業経営者はほぼ例外なく、自分が経営している会社の株式を保有しています。当然、上場企業のように株式を証券取引所に上場しているわけではないので、これを現金化しようとすると、とてつもなく苦労します。

なぜ現金化しなければならないのかというと、もし相続人が会社経営を引き継がないとしたら、被相続人から相続した未上場企業の同族株式の時価総額に応じた相続税が発生するからです。会社の経営規模にもよりますが、仮に時価総額が10億円にも達するような場合、相続税だけでもかなりの金額になります。

もちろん相続人がそれを払えるだけの資産を持っていれば、相続手続きもスムーズに進むでしょうが、もし相続税を払えるだけの資産がなかったら、少しでも早いうちに株式を譲渡し、現金に換える必要があります。

しかし、前述したように中小企業の大半は株式を上場していませんから、その一部、もしくは全部を譲渡して現金化し、それをもって相続税を払うしかありません。

こういうときに役立つのがM&Aです。M&Aで譲受け希望企業に未上場株式を買い取ってもらえれば、オーナーは未上場株式を現金に換えることができ、相続人は流動性の高い資産を相続するわけですから、相続税で頭を悩ませることがなくなります。中小企業オーナーが真っ先に相続対策で考えないといけないのは、実は最もウェイトの大きい自社株なのですが、これを一番後回しで考えてしまうケースが多いのが実態です。

大相続時代の到来を迎えて、自社株の現金化は大きなテーマです。特に中小企業経営者の家族は相続人として、Ｍ＆Ａも視野に入れておく必要があるのです。

中小企業のＭ＆Ａに注目が集まり始める

日本Ｍ＆Ａセンターが設立されたのは１９９１年です。バブル経済が崩壊した頃に設立されたのですが、このタイミングで日本の中小企業を対象にしたＭ＆Ａの仲介会社が世に出てきたのは、ある意味、日本経済の未来を示唆するものだったのではないかと思います。

　もちろん１９９１年以前もＭ＆Ａは行われていました。ただ、当時はまだ日本経済に高度経済成長期の余韻が残されており、しかも１９８０年代の半ばからバブルが発生したことで、中小企業の売上は右肩上がりで増えていました。人口も２０１０年までは増加傾向をたどっていたので、経営に際しても人口が減少に転じて経済がシュリンクするリスクを考えずに済んだのです。

　ときどき、ニュースで話題になったＭ＆Ａは、大企業によるビッグディールばかりでした。それもバブル経済に乗じた日本の大手企業が、米国企業を買収するという、今では考えられないようなことが立て続けに行われたのです。

代表的なものとしては、１９８８年にソニーが行った米ＣＢＳレコードの買収です。それに続いてセゾンがインターコンチネンタルホテルズの買収を行い、１９８９年には三菱地所がロックフェラーセンターを、そして１９９０年には松下電器産業（現パナソニック）が、米国の映画製作・配給会社であるＭＣＡ（現ユニバーサル）を買収しました。

一方、米国の投資家が日本企業に対して敵対的買収を仕掛けたこともありました。ブーン・ピケンズ氏によるトヨタの系列会社、小糸製作所の買収劇を覚えている方もいらっしゃるのではないでしょうか。

しかし、日本企業が米国に対して行った大型Ｍ＆Ａは、90年代に入って日本経済のバブルが崩壊し、長期的な低迷に入っていく中でシナジー効果を生み出すことができず、撤退へと追い込まれました。結局、当時行われた大型Ｍ＆Ａで現在も資本関係を維持できているのはソニーだけです。

当時、この手の大型Ｍ＆Ａを取り仕切ったのは、主に投資銀行でした。また、日本初のＭ＆Ａ専業会社は１９８０年代後半に登場しています。

一方で当時も、現在、私たちが取り組んでいるような中小企業の事業承継に伴うＭ＆Ａ案件はありました。それらは投資銀行が取り扱うような案件ではなく、どちらかというと知り合い同士で話し合って、従業員と資産を引き継ぐといった類のＭ＆Ａだったのです。

例えば、運送会社が後継者難で経営を続けられなくなったので、知り合いの運送会社にお願いして、ドライバーとトラックを引き継いでもらうといった話です。規模も小さいので、これらのＭ＆Ａがニュースになるようなことはほとんどありませんでしたが、当時からこうしたＭ＆Ａはいくつも行われていたのです。

しかし、仲間内の話し合いで行われたＭ＆Ａは、決して良い結果に終わるばかりではありません。今でも仲介業者を介さずに、双方の話し合いでＭ＆Ａを行うケースはありますが、交渉の途中で「言った、言わない」の水掛け論争になり、決裂で終わることも少なくないようです。

あるいは、メインバンクや顧問税理士に相談するケースも多いでしょう。しかし、これらの方々も、企業会計や税務のプロではあるものの、全員がＭ＆Ａを深く理解しているとは言えないでしょう。

結論を申し上げます。もしＭ＆Ａで自社の譲渡を検討しようと思ったら、まず相談するべきはＭ＆Ａを専門に扱っている仲介会社です。これは、私がＭ＆Ａのコンサルタントだからという点を割り引いても、「絶対にそうだ」と確信していることでもあります。

M&Aが成立するまでの実務フロー

まず、仲介会社を通じて行うM&Aの流れを日本M&Aセンターを例にフローチャートで説明していきます（66ページ図表1−10参照）。大きく3つのステップがあります。ちなみにここでは、会社の譲渡を希望する側を「譲渡企業」、その企業を受け入れようとしている企業を「譲受《ゆずりう》け企業」とします。

ステップ1　準備

最初に何を準備するのかというと、お相手探しをするための準備です。その準備に入るためには、仲介会社と提携仲介契約の締結を行っていただく必要があります。その際には提携仲介契約書に印鑑を押していただくわけですが、ここで誤解しないでいただきたいのは、前述したように印鑑を押した時点で、会社の譲渡が確定するわけではないということです。

「この印鑑を押したら絶対に会社を手放さなければならない」と勘違いされる経営者の方がいらっしゃいますが、そういうわけではありません。ここで押していただく印鑑は、あくまで経営の選択肢をまずはテーブルに載せるための印鑑です。印鑑を押したからといって、必ず相手先が見つかるという保証はありませんし、仮に見つかったとしても、そのM＆Aが絶対に成立するという保証も、またありません。もちろん、「やはり会社は手放したくない」と判断すれば、譲渡しなくても結構です。印鑑を押していただいたら、もちろん私たちは全力を尽くしてお相手探しをしますが、選択の自由は経営者側にあります。

会社を譲渡することは、中小企業にとって、これからの厳しい時代を生き残り、かつ会社をさらに成長させていくために必要な経営戦略の一つです。

しかし、リングに上がらない限り、この経営戦略を選ぶことはできません。実際に会社を譲渡するかどうかの判断は後からでも結構ですから、まずはこの権利を手にするために、リングに上がっていただきたいと思います。

提携仲介契約を締結していただいたら、支援チームが組成されます。日本M＆Aセンターには弁護士、司法書士、公認会計士、税理士といった、各分野に精通した約40名の専門家が在籍しており、担当コンサルタントとともにワンチームで、M＆Aのディールをサポートします。そして、経営者のほうから自分の会社の財務諸表、決算書類などさまざまな資料を提出していただき、それを基にして、どのくらいの金額で会社を譲渡できるか、価額交渉の基になる株式価値評価をします。

ここまでのプロセスが終わったら、企業概要書を作成します。これは縁談があったときに相手とお互いに交わすプロフィールシートのようなものです。Ｍ＆Ａは、例えるなら企業同士のお見合いと同じですから、譲受け企業に対して譲渡企業が「うちはこういう会社です」という企業概要書を提出する必要があります。企業概要書は、経営者にインタビューした内容を基に担当コンサルタントが作成します。ここまでがステップ１の「準備」段階で行うことです。ステップ１にかかる期間は、譲渡企業からいただく資料の量にもよりますが、だいたい１～２カ月です。

ステップ２　相手探し

私たち担当コンサルタントが、膨大なデータベースの中から、譲渡企業にマッチしそうな譲受け企業を探し出します。そして、譲渡企業の経営者に、そのリストを実際に見てもらい、提案の可否を１社ずついただきます。

提案可と判断した譲受け企業には、ノンネームシートと呼ばれる匿名の資料をお渡しして、その内容を検討してもらいます。そして、話を進めたいとなった時点で秘密保持契約を締結してもらい、詳細な企業概要書をお渡しして、Ｍ＆Ａの交渉に入る場合は、日本Ｍ＆Ａセンターとの間で提携仲介契約を締結してもらいます。

その後、譲渡企業と譲受け企業の経営者同士でトップ面談を行います。またその際に、譲受け企業が譲渡企業を視察することもあります。

トップ面談では、経営者同士が膝を突き合わせて、さまざまなことを話し合います。譲受け企業からすれば、「なぜ御社を迎え入れたいと考えているのか」ということを譲渡企業の経営者に提案する、プレゼンテーションの場になります。

「現在の業績や財務内容はこうなっていて、中期経営計画はこうです。現状、こういうリソースが足りないので、御社（譲渡企業）の技術力を導入すれば、こんな成長ストーリーが描けますし、御社も当社のリソースを存分に活用できます。そうすればお互いにＷｉｎ－Ｗｉｎの関係を構築できると思います」といった話を、譲受け企業の経営者がします。まさにお見合いの場と言ってもよいでしょう。そして、これならお互いに同じ方向に進んでいけると両社が合意した時点で、いよいよステップ3の「条件交渉」に移ります。

ちなみにここでいう「方向」とは、例えば企業理念やビジョン、最近だとパーパスなどという言葉もありますが、要するに経営者同士がこうした点で共感し合えるかどうかを、話をしながら擦り合わせることです。全く違う理念を持った会社同士が一緒になっても、シナジー効果は生まれません。あとは経営者同士の相性がいいかどうかです。「そんなことで？」と思われるかもしれませんが、経営者同士の相性は、Ｍ＆Ａを成功させるうえで重要です。

ステップ3　条件交渉

いざ条件交渉といっても、M&A後もそのまま譲渡企業の経営者が経営者として会社に残り、基本的に全従業員は継続雇用、社名は変えず、取引先もそのままになることが多く、これまでの経験から見ても、ほとんどの譲受け企業が受け入れています。したがって、ここまでくれば、条件交渉で揉めるようなことはあまりありません。大まかな条件交渉がまとまった時点で、基本合意契約が締結され、独占交渉権が発生します。つまり、結婚でいうところの婚約です。ステップ2からここまでが約3~6カ月です。

その後、譲受け企業は改めて譲渡企業の財務内容等の確認を行います。いわゆる「デューデリジェンス（DD、買取監査）」です。

譲渡企業の帳簿をすべて出してもらい、過去から現在に至るまでの財務状況、今後の業績見通しや資金繰りの状況などを精査する「財務DD」のほか、M&A後の事業計画に影響を与えるような法律上の問題点があるかどうかを精査する「法務DD」、譲渡企業が保有する工場などを建てている土地に土壌汚染リスクがないかどうかを精査する「環境DD」、さらには譲渡企業の製造や営業などのビジネスモデルの把握、事業性の評価、シナジー効果や事業統合に関するリスク評価を精査する「ビジネスDD」など、さまざまなDDが存在しますが、実務的には一つか二つのDDを実施することが多いでしょう。

そして、これらのDDを行った結果、出てきた問題点を再調整したうえで最終条件を決め、最終契約の締結、デリバリー(M&Aの実行)、決済という手順をたどります。

各ステップにかかる期間の目安をお伝えしましたが、実際は案件によってバラバラです。特にステップ2には時間をかけます。譲渡企業と譲受け企業が相思相愛であれば、それほど時間もかからないのですが、複数の譲受け企業が候補となっている場合などは、100社あったら100通りの戦略があって、その組み合わせがすべてですから、とにかくステップ2にはしっかり時間をかけることが、最終的には、譲渡企業の経営者の納得感につながります。

逆に、会社の資金繰りが厳しいあまりに、譲受け企業と事業の方向性が一致するかどうかなどをよく検討せずに短時間で譲渡を決断すると、大概、PMI(M&A後の統合プロセス)が順調に進みません。とにかくステップ2には時間をかけること。これが、M&Aを成功させるポイントになります。

図表1−10　M&Aの流れ

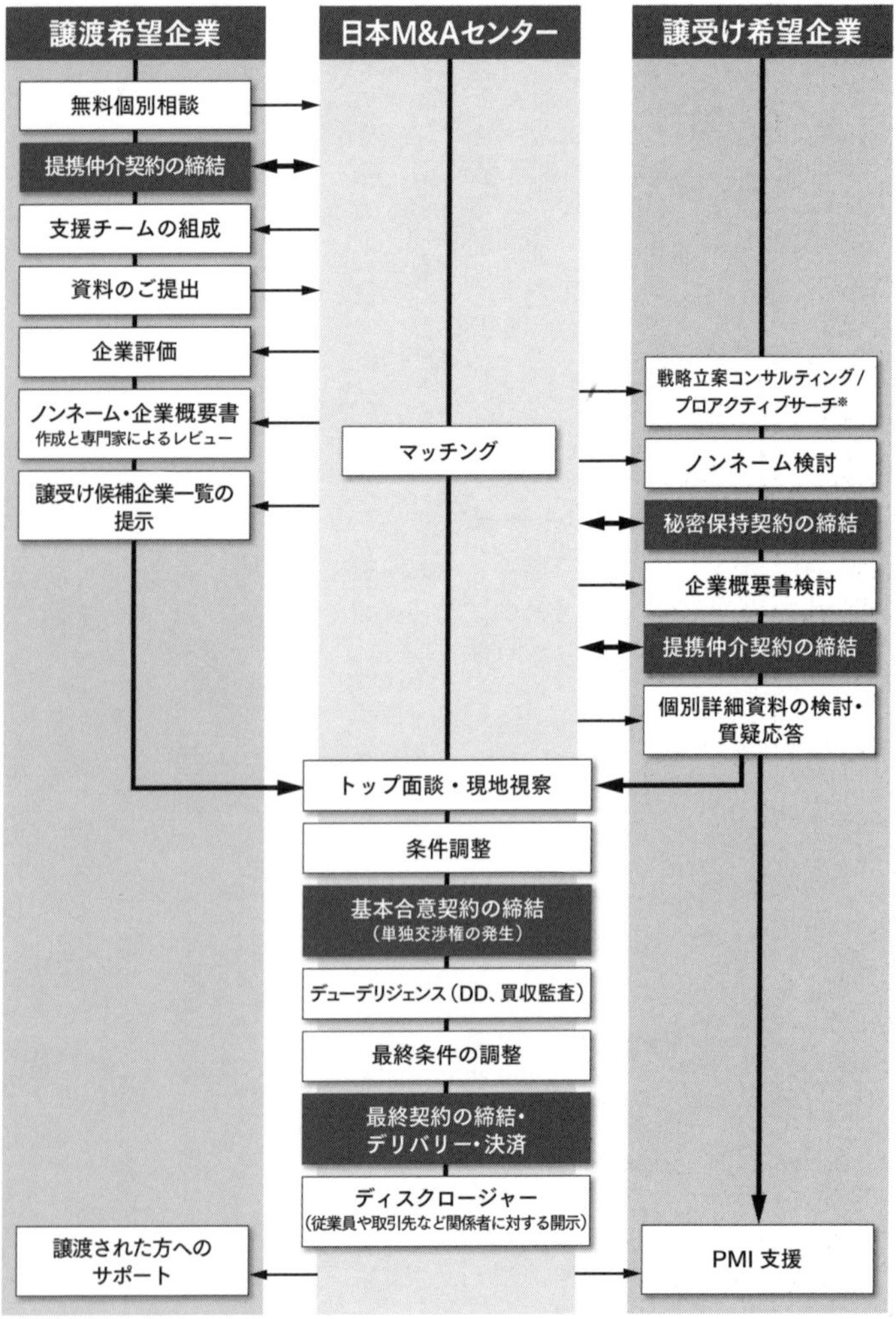

※プロアクティブサーチは日本 M&A センターホールディングスの登録商標です（6557253 号）。

Ｍ＆Ａに払うコストは決して高くない

本章の最後に、これら一連のＭ＆Ａのプロセスに必要なコストについても触れておきましょう。

Ｍ＆Ａに必要なコストというと、とても高額であるように思っている経営者も少なくありません。ステップ１の提携仲介契約の書類に印鑑を押したところで着手金が発生しますが、金額を申し上げると、通常１００万円から２００万円で、Ｍ＆Ａを行う企業の規模によって変わります。

「高い！」と思う方もいらっしゃるかもしれません。でも、よく考えてみてください。会社にとって最重要な経営戦略の一つであるＭ＆Ａを行う権利を得るのに１００万円、あるいは２００万円というのは、そんなに高い金額ではありません。

着手金は、途中で「やはり会社を譲渡するのをやめる」ということになっても返却されませんが、一度支払えば納得がいくまで譲受け企業を提案します。つまり、この条件なら大丈夫だと認められるまで譲渡先を探すことができるのです。この１００万円で会社と従業員の未来が決まるのですから、それほど高い投資ではないはずです。

Ｍ＆Ａ仲介会社の中には、着手金を設定しないところもあります。しかし、私は着手金を支払う価値は確実にあると思っています。なぜなら、その金額を支払うのに見合った以上のクオリティを提供できる自信があるからです。

そもそも、Ｍ＆Ａは会社の命運を分けるものであり、会社を譲渡しようと考えている経営者からすれば、恐らく一生のうちに1回しか経験しないことです。非常に大きなプロジェクトです。タダほど高いものはないと言いますし、結婚に例えるなら、一生に一度の買い物である婚約指輪をケチる人はいません。私たちとしても、お客様から着手金をいただく以上、中途半端な仕事はできないという覚悟につながります。

またクオリティの大きな要素として、日本Ｍ＆Ａセンターの強みは情報量です。これは、ほかのＭ＆Ａ仲介会社に比べても圧倒的だと自負しています。

日本Ｍ＆Ａセンターは、「Ｍ＆Ａフィナンシャルアドバイザリー業務の最多取り扱い企業」として、ギネスワールドレコーズ®のギネス世界記録®に3年連続で認定されました。認定されたのは２０２２年の1年間に手掛けた成約件数で、９８９件でした。

Ｍ＆Ａのように手間や時間のかかるビジネスで、なぜこれだけの取り扱い件数を達成できているのかというと、30年以上にわたってこのビジネスに関わり続けてきたこともありますが、やはり圧倒的な情報量を持っているからです。

日本Ｍ＆Ａセンターは、全国規模で全業種の企業ニーズを蓄積したデータベースに加えて、各地の金融機関や会計事務所とのネットワークを持っています。メガバンクや大手証券会社だけでなく、地方銀行の9割、信用金庫の8割、全国１０２１の会計事務所といった広範なネットワークから上がってくる情報も活用して、６００名超（２０２３年6月末時点）のコンサルタントが候補企業を抽出します。

さらに、最近ではＡＩによるデータ解析と抽出を活用し、プロの経験と過去の成功事例の統計データを組み合わせながら、あらゆる可能性を検討しています。ＡＩのデータとプロのノウハウの相乗効果で、候補企業リストの精度がより高まります。

結局のところ、Ｍ＆Ａはマッチングビジネスなので、どのような組み合わせがよいのか、できるだけたくさんの選択肢から提示できる仲介会社が強い、と言えるでしょう。それだけの情報量を持っているから、本章の冒頭でも触れたように、中部地方の運送会社と関東地方の青果卸というような、ある意味、大胆な発想が生まれてくるのです。

本章の最後に、もう一つ、付け加えておきます。Ｍ＆Ａが成立した場合、仲介会社に対する成功報酬が生じます。ディールの大きさにもよりますが、中には数千万円にのぼるケースもあります。中小企業にとっては小さくない金額です。ただ、成功報酬といっても譲渡金額の中からいただくものであり、経営者の皆さんの手元にはもちろん、株式評価額や企業資産評価に応じて、相応の資金が残ります。予想をはるかに超える金額で譲渡が成立するケースもあります。何よりそのプロセスと結果にご満足いただけないと、私たちも報酬をいただくわけにはいきません。

経営者の皆さんには、決して後悔せず、最良最善の選択をしていただきたい。そのために、私たちもあらゆる情報を探し、ケース・バイ・ケースのソリューションを提示していきます。だからこそ、安心して相談してほしいと願っています。

COLUMN

「M&Aチェックリスト」10個当てはまったらM&A検討を！

会社を経営するうえで、経営者はさまざまな課題を抱えています。中には、どうすれば解決できるのか、その糸口さえ見つからないような、悩ましい課題もたくさんあります。

これから取り上げるチェックリストは、全部で55項目あります。すべて経営者が経営上の課題としてぶつかるものばかりです。ヒトや営業力、技術力、リソースなど、経営に直接関係する課題が全部で42項目、基本的に経営者個人にまつわる課題が13項目で、計55項目となっています。未上場企業オーナーと話をしていて、必ずと言ってよいほど皆さんが悩んでいる経営課題として出てくるものばかりです。そして、これら55項目の経営課題は、M&Aによって解決できる可能性が大いにあります。逆に言うと、皆さんが抱えている経営課題の多くが、この55項目に含まれているのであれば、M&Aを決断することによって、肩の荷が下りる可能性が高いということでもあります。

まずは、次のページにあるチェックリストで、ご自身がいくつ当てはまるのかを計算してみてください。これはあくまでも私の、これまでのコンサルタントとしての経験で申し上げますが、55個中10個以上が当てはまる場合、M&Aを検討されることをお勧めします。

M&Aのチェックリスト

■ ヒトにまつわる課題

- □ 採用がうまくいかない、そもそも人が来ない
- □ やっと応募があっても能力や人間性がイマイチ合わない
- □ 仕方なく採用しても長続きせず数年で辞めてしまう
- □ 結果としてベテランと新人ばかりで中間層がいない
- □ 総じて組織づくりがうまくいっていない
- □ さらには従業員の平均年齢が年々上昇傾向にある
- □ もしくは右腕が育っておらず社長のマンパワー以上に会社が伸びていない

■ 営業力にまつわる課題

- □ そもそも営業パーソンがいない（少ない）ので社長自身が仕事を取ってきている
- □ 何とか社長の人脈で仕事はくるが、仮に自分がいなくなると新規の仕事はこない
- □ かろうじて営業パーソンはいるが既存顧客の仕事ばかりで、新規の開拓はできていない
- □ さらには一部の営業パーソンに顧客が紐づいていて、退職されると大ダメージ
- □ 結果として良い製品・商品・技術・特許はあるが営業力がないので売上は頭打ち
- □ 売上利益が安定≒頭打ちになっている

■ 技術力にまつわる課題

- □ そもそも社長自身が一番の技術屋であり重要部分を担当しているので、自分がいなくなると新しいモノづくりができない
- □ そのうえ数人の従業員（個人）に技術が紐づいているので、退職されると大ダメージ
- □ つまり組織として技術やノウハウが定着しているわけではなく脆弱

□ かろうじて販路はあるが、特別な技術や特許、ノウハウがなく、製品が差別化できていないので薄利多売
□ 新たなビジネスの柱、収益モデルの模索が必要

■ リソースにまつわる課題

□ そもそも資本力が乏しい
□ そのうえ知名度、ブランド、看板がない
□ だから信用度、与信が低く、これ以上借入できない
□ 結果として新しい設備投資や広告など投資ができない
□ 常に組織としては挑戦ではなく安定を選んでいる
□ 会社規模により、受注できる仕事の金額、規模に限りがある
□ よって成長スピードが遅く負のループにはまっている

■ その他の経営課題

□ 特定の取引先1社に売上・仕入が30％以上集中している
□ 債務超過
□ 赤字体質、もしくは赤字基調
□ 社長自身が現場に入ったり経理・総務をしたりするなど実務に忙殺されているので「経営」ができていない
□ 事業計画、経営計画をつくったことがない、想像もできない
□ 資金繰りに困ると個人資産から会社に貸付をしてしのいでいる
□ そもそも業界全体が斜陽産業で危機感を抱いている
□ 海外進出したいがノウハウもリソースもない
□ 不動産情報さえあれば新規出店できるのに情報のネットワークが少ない
□ システムインフラへの投資ができておらず非効率な業務が多い
□ 24時間仕事のことばかり考えており、まとまった休暇が取れていない
□ 複数部門、複数子会社があるが、相乗効果が表れていない
□ 売上の季節変動など繁閑の差がありすぎて資金繰りが大変な時期がある

□ 販売チャネルが実店舗しかなくEC導入など販路の多角化に取り組めていない
□ BCP（事業継続計画）に全く着手できていない
□ 物流コスト、外注費などが利益を圧迫している
□ 商圏が限定されたビジネスであり、これ以上の成長は望みにくい

■ 会社、社長個人にまつわる課題

□ 年齢が60歳以上である
□ 親族にも従業員にも継がせられる後継者がいない
□ 自分が経営で苦労してきたので、子供に継がせたくない
□ やる気のある親族・従業員はいるが、能力的に、また経験値的に継がせられない
□ 後継ぎがいないのでいつまでたっても引退できない
□ 財務優良で株価が高くなりすぎて、株式の相続に頭を悩ませている
□ 株価が高く次期社長に株を買い取らせることができない
□ 株主が分散してしまっており、どう取りまとめたらいいかわからない
□ 後継ぎが決まっていないので積極投資、積極採用ができず、どっちつかずの状態になっている
□ 納税猶予制度を使おうと思っていたが、適用できないことが判明した
□ 子供が2人以上いて、自社株を含む相続財産をどう分けようか悩んでいる
□ 子供が2人以上いて、自社に勤めている子供と、自社外に勤めている子供がいる
□ 自分の引退の適切なタイミングに悩んでいる

**合計55項目中、10個以上当てはまる場合は、
M&Aを検討すべき！**

第2章

よくある
M&Aの誤解と質問

誤解だらけのM&A

本書は、会社の譲渡を検討している経営者に向けて書いています。M&Aと言えば「会社を譲り受ける」という選択肢もある中で、なぜあえて「会社を譲渡する」ことを考えている経営者に向けて書いているのかというと、そこにはM&Aに対する非常に大きな誤解があるからです。

会社を譲受けしようとしている側は、基本的にポジティブです。これから会社を成長させるにあたって自社に足りていないもの、より早く会社を成長軌道に乗せられるものを、M&Aによって、会社ごと譲り受けてしまおうという、戦略的で積極的な狙いがあります。対して、会社を譲渡しようとしている側は、経営に行き詰まりを感じて譲渡を検討している、そんなイメージがどうしてもつきまといます。

しかし、そのイメージ自体が誤解なのです。第1章でも触れましたが、実は会社を譲渡する側にとってもM&Aは、会社を大きく成長させるうえで重要な戦略になります。「会社を身売りする」といった言葉でイメージされるような、ネガティブなものでは決してありません。会社を譲受けするにしても、また譲渡するにしても、Ｍ＆Ａは企業を成長させるための重要な戦略なのです。

そのうえで、もう少し申し上げるとしたら、中小企業におけるＭ＆Ａは、自社と同じ程度の規模を持った企業を譲り受けるのはオススメしません。

そもそも中小企業の場合、成長軌道に乗せるうえで足りないものがたくさんあります。採用力、販売力、技術力、資金力などが、その最たるものですが、自社とほぼ同じ規模の中小企業を譲受けしたとしても、これらを補うことは、まずできません。

つまり、中小企業にとってのＭ＆Ａとは、「より大きな経営規模を持った企業に自社をグループインさせ、大手企業の資本を活用するもの」と言えます。だからこそ私は、中小企業がこの厳しい時代を乗り切り、より成長するための企業戦略として、会社の譲渡を勧めているのです。

これまで私は、１２００社を超える譲渡企業の経営者にお会いし、膝を突き合わせ、さまざまなことを語り合ってきました。その中で、どの経営者もＭ＆Ａに対して正確な知識を持っていないことに気づきました。本当に、誤解や勘違いだらけです。それによって、「Ｍ＆Ａなんてするくらいなら廃業したほうがよい」などと、極端な考えをする方もいらっしゃいました。

近年、業績は黒字なのに、廃業に追い込まれる企業が増えています。黒字ということは、従業員にきちんと給料を払えているはずですし、国に法人税をしっかり納めている優良企業のはずです。その企業が廃業してしまったら、従業員は失業し、個人消費が落ち込み、さらには所得税や法人税が国に入らなくなって、結果として、日本という国の経済が停滞してしまいます。

廃業して良いことなど、何一つないのです。「M&Aなんてするくらいなら廃業したほうがよい」と結論づけるのではなく、「足りないパーツを補い突破口を見つけるために大手と提携するのも一つの選択肢」と考えるべきでしょう。

本章では、私がこれまで出会ってきた経営者の方々が、M&Aに対して抱いていた誤解や勘違いをまとめてみました。もちろん、その誤解や勘違いのどこが問題なのか、という点についても言及しています。まさに今、M&Aに対して良いイメージを抱いていない人は、この章に書かれていることをじっくり読んでみてください。それによってM&Aに対する誤解や勘違いが解消され、企業を成長させる戦略の一つとして、もっと前向きにM&Aを捉えてもらえれば、それに勝る喜びはありません。

では、多くの企業経営者が抱きがちなM&Aの誤解と質問について、10のカテゴリーごとに取り上げていきましょう。

Ⅰ　ネガティブなイメージの誤解

誤解と質問 1

M&Aには「身売り」や「乗っ取り」などネガティブなイメージがある

そもそも会社を「売る」「買う」と捉えること自体が、古い発想といわざるをえません。そうではなく、「会社を成長させていくためにどこと組んで生き残っていくか？」と解釈すべきでしょう。その中で、たまたま縁があった相手が自分たちより経営規模の大きい会社であれば譲渡戦略となり、たまたま相手が自分たちより小さい会社であれば譲受け戦略となるだけです。

今や50代以下の若い経営者も譲渡戦略を考えています。実際に当社で譲渡したオーナーの、約4割が60歳未満の経営者です（次ページ**図表2-1**）。若い経営者ほど考え方が柔軟で、「目的は会社を成長させること」と定義づけていますから、譲り受けるのも譲渡するのも常に両方を選択肢として持っています。どちらにするかは、相手によって変わるのです（次ページ**図表2-2**）。

また、最近は新聞やニュースでも、「M＆A」「資本業務提携」「経営統合」「事業承継」

図表2－1　譲渡企業の代表者年齢分布

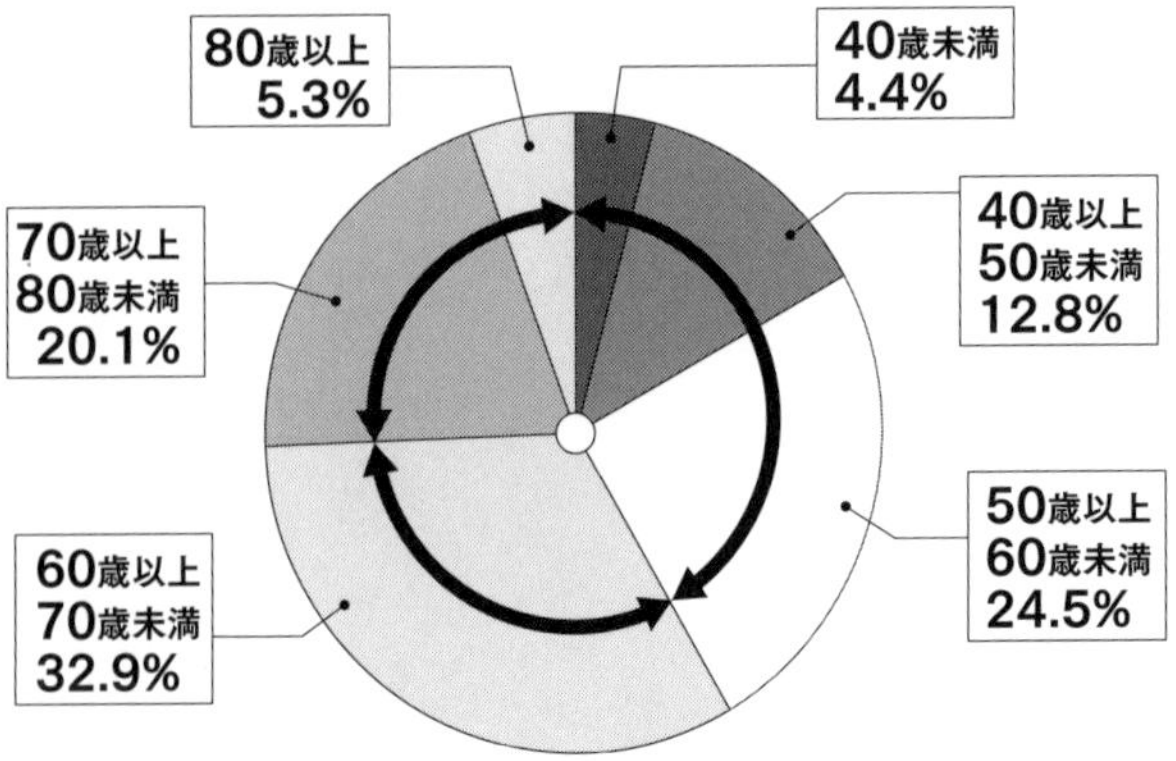

60歳以上経営者が約6割 ／ 60歳未満経営者が約4割

出所：2022年度日本M&Aセンター成約データより

図表2－2　企業成長の３つの考え方

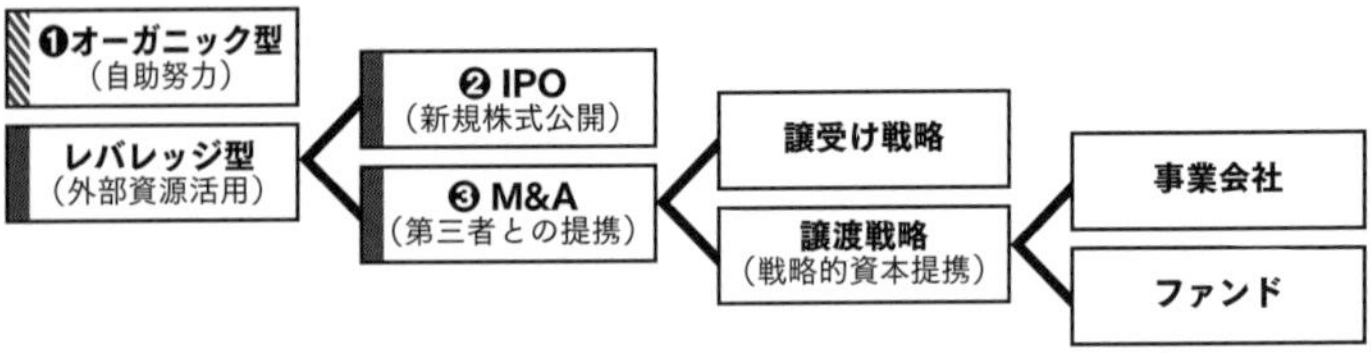

❶オーガニック（自助努力）における悩み
- 経営資源である「ヒト・モノ・カネ・情報」のすべてを揃えるのが困難である。
- 会社の成長度合いは経営者の経営能力による。
- 成長のために借入が必要な場合が多い。

❷IPO（新規株式公開）
- 社会的信用力の向上や知名度の向上などがメリットとして挙げられる。
- 代表的なレバレッジ型成長戦略であるが、上場は極めて狭き門である。
- 内部統制のための負担増加、上場維持費用など負担増加というデメリットがある。

❸M＆A（第三者との提携）を選択する経営者が増加
- 「よい相手に巡り合えて事業上の相乗効果もあり、安心して引退できた！」
- 「子供が医師になり、別の道に。会社を存続させ、従業員の雇用を継続できた！」
- 「個人保証から解放され、精神的にラクになった！」

図表2－3　IPOかM&Aか

POINT IPOを目指す企業においては、M&Aも検討対象になる

		IPO	M&A
共通	手法	株式譲渡	
共通	目的	①社会的信用の向上　②資金調達力の向上 ③人材採用力の向上　④創業者利益の獲得	
共通	税制	株式の譲渡益課税	
	準備期間	3～5年	1～3年
	準備コスト	年3,000万～5,000万円 ※IPOに向け新規に採用する人材の経費も含む	100万～500万円 ※成約の際は、成功報酬が別途かかる
	実現可能性	△（相場次第）	◎（3年以内に80％程度成約）
	利害関係者	証券会社・監査法人など複数	M&A仲介会社のみ
	株式の現金化	全株式の現金化に時間がかかる	全株式の現金化が即時可能
	社長の立場	プロ経営者	プロ経営者・退任など選択可能

という言葉が登場しない日はありませんし、上場企業のＩＲでもＭ＆Ａに言及しないものはほとんどないのではないでしょうか？　ＩＰＯ（新規株式公開）を目指す企業の中には、ＩＰＯとＭ＆Ａでの譲渡を並行して検討するなど、当たり前の企業戦略の一つとして完全に浸透したと言えます（図表２－３）。もはや身売りだ、乗っ取りだというのは時代遅れと言っても過言ではありません。

Ⅱ　清算や廃業との比較

誤解と質問❷

Ｍ＆Ａではなく清算・廃業を検討しているが……

「清算・廃業」は、手塩にかけて育ててきた会

社の命を自ら断つことです。

考えてみてください。会社を清算・廃業してしまうと、さまざまなところに迷惑がかかります。

明日から廃業しますというのはありえませんから、通常、数カ月前には取引先や仕入先に通知を出します。取引先は、同じ製品やサービスを提供してくれるほかの取引先を新たに探さなければなりません。そうなると売上はみるみるうちに落ちて、中には赤字になる場合もあるでしょう。仕入先も同じで、売掛金の回収ができるのか不安になり、売ってくれなくなる可能性もあります。

従業員は失業し、その家族は生計を立てるのが困難になるかもしれません。「人手不足のこの時代、従業員の就職先はすぐ見つかるよ」と安易におっしゃる経営者もいますが、40代後半、50代になって新たな環境に飛び込んで、また新しく人間関係をゼロからつくっていくのはかなりのストレスです。会社都合の解雇ですから、割増退職金支払いの可能性も検討する必要があります。土地建物は取り壊し費用が１０００万円単位でかかり、売却も思った金額では売れませんし、設備や機械も二束三文にしかなりません。

そうこうしているうちに資産は減っていき、廃業どころか債務超過になって倒産してしまう会社も少なくありません。中小企業の大半は、銀行借入を行う際に経営者によ

図表２−４　倒産を圧倒的に上回る休廃業

POINT 「休廃業・解散」件数は、「倒産件数」を大幅に上回っている
財務状況がよくても、廃業する企業が多く存在している

休廃業・解散、倒産件数　年次推移

休廃業・解散企業における経常利益の赤字・黒字比率

「休廃業・解散」件数は、「倒産件数」の約 7.7 倍もある。
2022 年の休廃業・解散件数は 49,625 件、倒産件数 6,428 件

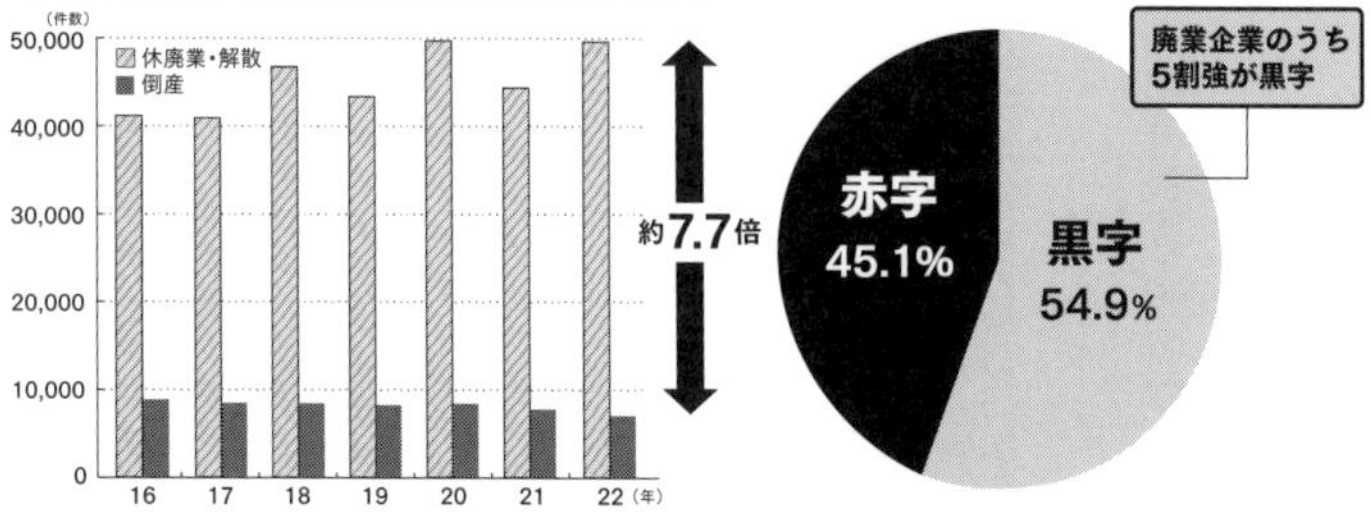

出所：東京商工リサーチ「2022年の『休廃業・解散』4.9万件、2年ぶり増加」
東京商工リサーチ「全国企業倒産状況」（2022年）
帝国データバンク「全国企業『休廃業・解散』動向調査」（2022年）

る個人保証を求められていますから、例えば１億４０００万円の借入金が残っていた場合、廃業後も経営者が返済しなければならないケースもあります。穏やかな老後はどこへいってしまったのでしょう。返済できなければ当然、担保物件は差し押さえでしょう。何とか残った資金で借入金を返済できたとしても、清算する前に多額の税金がかかり、手残りはますます少なくなってしまいます。

しかし、今は良い時代になりました。昔は後継ぎがいなければ廃業しか方法がありませんでしたが、今やＭ＆Ａが一般化したおかげで会社を存続させることが可能です。日本では、休廃業が倒産を７・７倍上回るというデータもあります（図表２−４）。休廃業できる会社は、本来Ｍ＆Ａができたはずの会社なのです。Ｍ

&Aができれば、個人保証も含めて負債は譲受け企業がすべて引き受けてくれますから、1億4000万円の残債があったとしても頭を悩ませる必要がなくなります。しかも、会社は屋号もそのまま存続しますし、取引先も従業員の雇用も変わりません。廃業によって生じる多方面への迷惑がかからなくなり、すべてが丸く収まるのです。それにオーナーは営業権を伴う株式譲渡対価が入ってきて、豊かな老後を実現できます。

企業にとって清算・廃業はワーストストーリーであり、ほかに選択の余地がなくなった場合の最後の手段として考えるべきでしょう。

Ⅲ 自社が譲受けする側という誤解

誤解と質問 3

売ることは全く考えてなく、むしろ買っていきたい

売る、買うという表現がもはや古いのですが、あえてわかりやすく本項では売り手・買い手と表現をしましょう。皆さんの会社は年商20億円を超えているでしょうか？　もしそうでなければ買いだけでなく売りも並行して検討すべきです。理由はいくつかあります。

まず、マーケットは完全に売り手市場であり、何十社の競合に勝たなければ実際に買うことはできません。一般的に売り手は年商1億～20億円、買い手は少なくとも年商30億円は欲しいところです。できれば50億～２００億円程度の規模が望ましく、そして上場企業も競合相手です。つまりそういった大手に競り勝たないと買えないということです。

売り手としては大手と手を組むチャンスです。大事な従業員を託すのですから、基盤のしっかりした先にしか売りません。しかも買って終わりではなく、そこからさらに設備投資や人材を送るなど、人繰りも考えないといけません。

一般的に、売り手は同県内の同業の会社が買い手になるのを嫌がる傾向にあるので、県外の企業しか提案されないでしょう。特に、後継者不在型のＭ＆Ａの場合は他人の子の面倒を見る形になるので、つまり県外に経営を任せられる人、もしくは買い手側のトップがそのまま常駐する前提でないといけないケースが多く、お金があるから会社を買えるという単純なものではないのです。

また、買いたいという企業へのアドバイスとしては、業種、立地、年商規模、Ｍ＆Ａの目的をしっかりと持ってコンサルタントへ相談することを勧めます。Ｍ＆Ａは経営戦略を早期達成するための手段であるべきで、Ｍ＆Ａが目的ではないはずです。「何でもいいから面白そうな案件があったら持ってきて」という経営者に良い案件が持ち込まれることはまずないと思っておいてください。目的がしっかりとしていればコンサルタントから想定を超える良い提案もあるでしょう。

また、規模については一概には言えませんが、皆さんの会社の10分の1～20分の1程度の規模の会社をお勧めします。これ以上の投資は過剰投資となる可能性があります。したがって、年商10億円であれば、年商5000万円～1億円の企業を検討するということになります。

さて、果たしてそこにあなたが欲しい人材やノウハウはあるのでしょうか？　もし逆に売りも同時に検討できれば、複数の優秀な企業から好条件でオファーが殺到し、各社との相乗効果を検討でき、生産性の高い人材も活用でき、大手の経営リソースを使って飛躍的な成長が描ける可能性もあります。ですから、若く優秀な黒字経営者ほど、売りも買いもどちらも柔軟に考えています。買いだけに固執すると成長の機会を逸することになりかねません。繰り返しますが、買いの検討を否定するものではありません。どちらも考えるべきということです。

Ⅳ　M&Aをした後の不安についての誤解

誤解と質問 4

自社の株式を100％、譲受け企業に譲渡することには抵抗がある

大企業同士のM&Aの場合は、利害関係者が多いという事情があるので、譲渡企業がいきなり発行済株式の100％を譲受け企業に譲渡することはありません。まずは発行済株式の一部を譲渡した後、徐々に譲渡する株式を増やしていくのが普通です。

しかし、ここで議論しているのは中小企業のM&Aです。経営規模が小さい企業を譲渡する場合、一部を譲渡して徐々に全株式を譲渡するというようなことはあまりありません。ほとんどが発行済株式の100％を譲渡する、100％株式譲渡という方法です。

なぜかというと、「譲渡側も譲受け側もお互いその形を望んだから結果的にそうなっている」のですが、それなりの理由があります。

まず譲受け企業からすると、億単位の投資となりますからガバナンスの安定のために過半数、できれば67％以上の株式の取得が必須です。当然100％が理想です。オーナーとしても、33％以下の、一部の株を持ち続けたとしても、あまり意味がありません。さらに

現実的な話をするならば、未上場企業の株式を現金化する場合、実際問題、株式を譲受け企業に買い取ってもらうしかないので、高く買い取ってくれる企業がいるうちに全部を譲渡しないと、残りの株式を現金化する手段を失うことになります。そもそも、たとえ一部でも持ち続けたいという発想自体に「相手を信用できない」というニュアンスが含まれていると思いませんか。中小企業のＭ＆Ａは、お互い生き残りをかけて真剣に検討するものです。「業務提携」や「一部出資」のような、ひとまずお付き合いしてみましょう、というものとはわけが違います。初めからお互い本気で相乗効果を高めていくのです。腹の探り合いをするような提携は決してうまくいかないのです。

誤解と質問 5

まず「業務提携」から始めたい

自社を譲渡するかどうかで迷った末に、このように言う経営者は少なくありません。譲受け企業に株式を全額譲渡することに抵抗があるのか、Ｍ＆Ａ後の統合効果に対して何か疑念があるのか、まずは業務提携によって相手の腹を探ろうということなのかもしれません。しかし、業務提携と資本提携では本気度が違います。業務提携は出資を伴わない、つまりお金の関係が一切ないので、とりあえず一緒に何かを始めてみて、その効果が上がらなければ、簡単にプロジェクトをやめることができます。この程度の覚悟では、何もうまくいきません。

これは逆の立場で考えてみると、簡単にわかることです。単なる業務提携先にお金を貸したり、人材を派遣したりするでしょうか。本当に効果が出る「提携」は、資本提携です。資本を出しているからこそ、その会社と一緒に、本気でプロジェクトに取り組もうということになるのです。

大手企業でさえ本気で生き残りを考えている時代です。腹の探り合いをしながら業務提携すべきなのか、本気で効果を出すために資本提携すべきなのか、考えていただきたいのです。

誤解と質問６　会社を譲渡したら経営者である自分の決定権や自由がなくなるのではないか？

会社を譲渡して、大手企業のグループ子会社になるわけですから、自分が経営権を持っていたときのように、何でも自分の判断で決裁できるという自由はなくなります。そこは親会社との話し合いで、どこまで自由な決裁権を持たせてもらえるか次第になりますが、基本的には親会社の判断を仰ぐ必要があるでしょう。ただし、日々の業務であれば今までどおり経営していくことが前提になるはずです。この会社を一番知っているのはほかならぬ譲渡オーナーですから。比較的大きな投資や経営判断については、親会社との話し合いが必要になるということです。

一方で、大きな企業のグループ会社になることで、そのグループの経営資源を活用できるようになります。人材や設備、情報、資金も含めて、使える経営資源は、はるかに大きなものになりますから、むしろそれらを活用してできるビジネスの幅は広がるはずです。そのことに対して〝経営の自由度が増える〟という視点を持っていただけるのであれば、Ｍ＆Ａをお勧めします。

誤解と質問 7
M&Aで当社のカラーがなくなってしまうのではないか？

これもよくある勘違いの一つなのですが、多くの経営者が「合併」と「株式譲渡」を混同してしまっています。

図表2－5　株主構成を図解すると…

POINT 中小企業のM&Aは圧倒的に「株式譲渡」スキームが多く、つまりは株主が変わるだけ

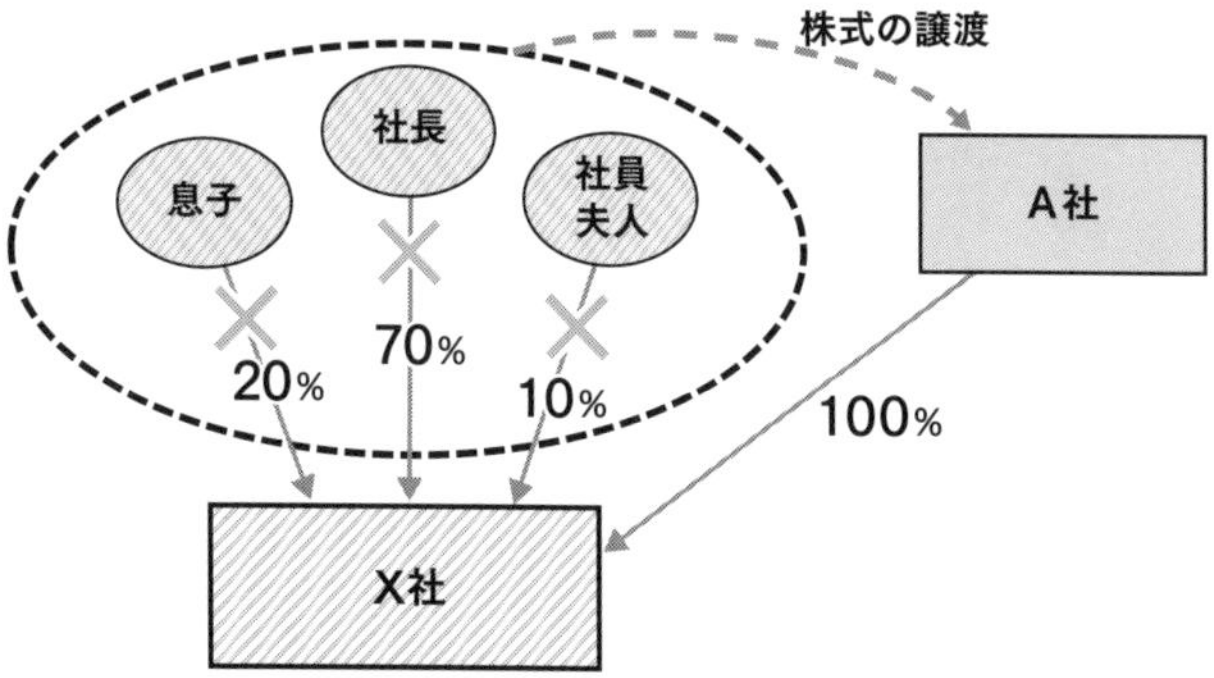

A社の子会社になるだけなので、法人格をはじめとして雇用条件や社名などは変わらない。
当然会社のカラーや企業文化などはそのまま。
ちなみに一番誤解が多いのは、吸収合併と混同しているケースである。

図表2－6　株式譲渡スキーム

M&Aで主流の手法は「株式譲渡」

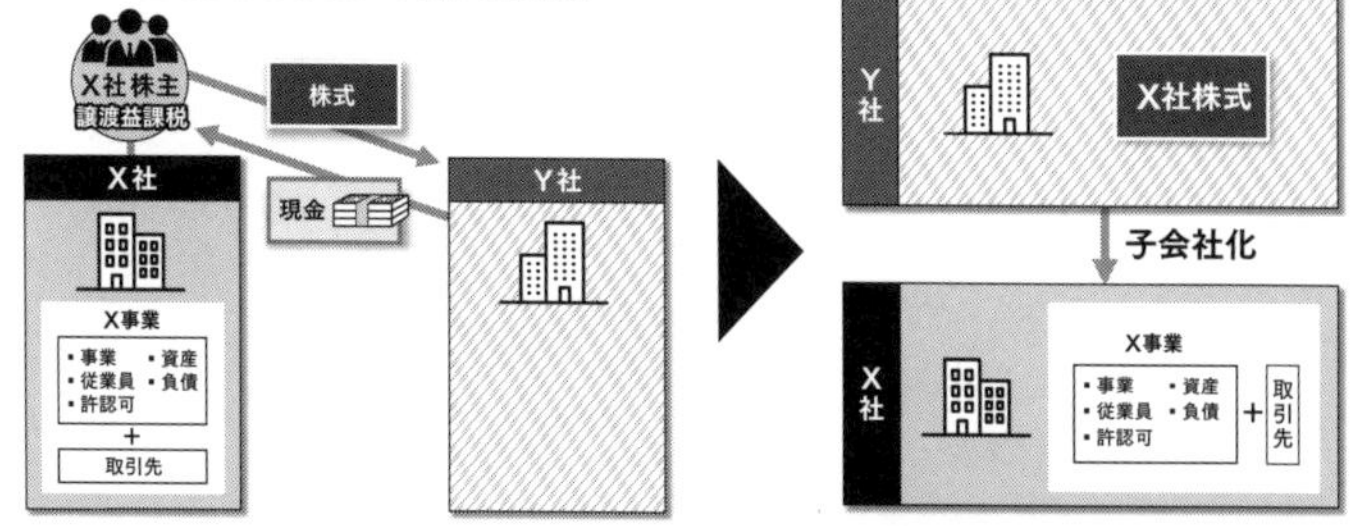

メリット	
譲渡企業	譲受け企業
●個人として現金収入を得ることができる ●個人の場合、譲渡益に対する税率が低い（約20%） ●法人格が残り、事業を包括的に引き継いでもらえる	○手続きがシンプル

デメリット	
譲渡企業	譲受け企業
●株式が分散していたり、簿外債務や保証債務などがあると難しい	○簿外債務があれば引き継ぐことになる ○税務上、のれんの償却ができない ○少数株主との買収交渉が必要となる場合がある

合併と株式譲渡は、似たようなニュアンスがあるものの、実は全くの別物です。

細かい分類は割愛して、あえてわかりやすく説明すると、合併は譲渡企業が、譲受け企業に完全吸収されます。したがって、譲渡企業は法人格がなくなり、部署なども完全に解体されて吸収されます。この場合、譲渡企業のカラーは完全になくなります。

一方、株式の譲渡は譲渡企業の発行済株式を、譲受け企業に持ってもらい100％子会社になるだけです。したがって、譲受け企業が親会社になるだけであり、譲渡企業の法人格は存続されます。不動産でいうオーナーチェンジをするだけとイメージしてもらうとわかりやすいかもしれません（前ページ図表2-5、図表2-6）。

したがって、譲渡企業の会社名や従業員の雇用、労働条件、取引先なども基本的には維持されます。そして、中小企業のM＆Aは大半が、「合併」ではなく「株式譲渡」の形を取っています。M＆Aで会社のカラーがなくなってしまうようなことにはなりません。

誤解と質問 8

M&Aによって先々、どうなるかわからないのが不安……

そもそも未来がどうなるのかわからないのは、M＆Aという戦略を取るにしても、取らないにしても同じではないでしょうか。この世に絶対はそもそもありません。

恐らく、Ｍ＆Ａに対してこのような不安感を抱いている経営者の多くは、「譲渡した後、親会社が何か理不尽なことを言ってくるのではないか」といった点を懸念しているのかもしれませんが、相応のお金を払って譲り受けた会社ですから、理不尽なことなど言ってくるはずがありません。もし、そのようなことをして反感を買い、従業員が次々に辞めてしまったら、困るのは親会社のほうです。特に、譲渡企業が持っている技術力や人材などに期待して譲受けしたのだとしたら、なおのことです。譲渡した後で、譲受け企業である親会社が理不尽なことを言ってくるのではないかなどという心配は杞憂です。

むしろ、Ｍ＆Ａによって大企業のグループ企業になれば、数十億円、数百億円の売上を持つ企業グループの一員になるわけですから、経営基盤はかなり安定するはずですし、こうした力強い親会社がいれば、コロナ禍のような予測不能なことが起きても、そう簡単に倒産することもないでしょう。

つまり、「Ｍ＆Ａによって先々、どうなるかわからない」という不安感には確たる根拠がなく、Ｍ＆Ａに対する間違ったイメージから想起されているだけに過ぎないことを、ここで一度整理しておくべきでしょう。

誤解と質問 9

周りでM&Aを実行した後、経営がうまくいかなくなったという話を聞くが……

これもよく聞く話です。この手の噂話のようなものは、うまくいかなかったケースとしてよく吹聴され、いかにもそういうケースが頻繁に起こるように感じるものですが、実際にはそれ以上にうまくいっているＭ＆Ａの事例がたくさんあります。木を見て森を見た気になるのは早計です。次ページの**図表2-7**をご覧ください。２０２１年に我が国で行われたＭ＆Ａの件数は、未上場企業同士が57・7％、約２０００件と半数以上を占め、中堅・中小企業間のＭ＆Ａが常識となりつつあります。

ただ、うまくいっているケースは、なかなか表に出てきません。波風が立たない話は面白くないので、誰も噂することがなく、ニュースやドラマとして取り上げられることも少ないのです。結果、Ｍ＆Ａでうまくいっている話はどこからも聞こえてこないため、うまくいかないケースの話ばかりが悪目立ちしてしまうのです。

では、Ｍ＆Ａが行われた後、うまくいかないケースとはどういうことかというと、十分な擦り合わせができていなかったためにＭ＆Ａ前と後でギャップが生じた場合です。

中にはＭ＆Ａ仲介会社を介在させず、経営者同士が知り合いということで、双方で話し

図表2－7　多数を占める未上場企業のM&A

POINT 年間M&A件数の約半数以上が、未上場同士のM&A

2021年の国内M&A件数内訳

		譲受け企業のタイプ	
		上場	未上場
譲渡企業のタイプ	上場	165件（4.94%）	203件（6.08%）
	未上場	1,043件（31.26%）	1,926件（57.7%）

出所：レコフM&Aデータベースより日本M&Aセンター作成
日本企業のM&A件数内訳期間：2021/1/1-2021/12/31（対象はIN-IN/グループ内M&Aは除く）

合ってM＆Aが成立するケースもあるのですが、むしろこの手のM＆Aでうまくいったという話を、私自身はほとんど聞いたことがありません。

着手金や成功報酬を支払ってもM＆A仲介会社を介在させる理由は、「言った、言わない」ということも含めて、両者の間で認識のギャップが生じるリスクを最小限にするためであり、当事者間では聞きづらいことも、仲介会社を通じてしっかり事前に確認しておくためです。だからこそ精緻な企業概要書を作成し、数字面だけでなく多方面から会社の魅力と中身を整理する必要があるのです。「こんなはずじゃなかった」をなくすために、その交通整理をプロが行います。

Ｍ＆Ａを行った途端に従業員が辞めるのではないか？

Ｍ＆Ａによって資本関係が変わり、大企業の傘下に入って、経営方針をはじめいろいろなことが変わったら、今まで会社に尽くしてくれた従業員が皆辞めてしまうのではないか、ということを心配しているのかと思います。

しかし、これまで数多くのＭ＆Ａに関わってきましたが、実際にＭ＆Ａを理由に従業員が退職したという話は、ほとんどありません。皆無と言ってもよいと思います。

そもそも、何のためにＭ＆Ａに踏み切ったのでしょうか。それは第一に従業員のためです。雇用の継続と会社の存続・発展を企図して考えたものですから、なぜＭ＆Ａを行ったのかを順を追ってきちんと従業員に伝えれば、辞められるようなことにはなりません。

少し実務的な話をしましょう。Ｍ＆Ａが成約した場合、譲渡企業の社長と譲受け企業の社長が揃って、譲渡企業の従業員にＭ＆Ａについて開示します。まず譲渡企業の社長から、なぜＭ＆Ａを行ったのかの理由をしっかり説明してもらいます。

そのうえで、譲受け企業の社長から今後、株主は変わるけれども雇用は継続されることを伝えてもらいます。加えて、仕事内容も変わらず、むしろお互いシナジーを追求し、あくまでも株主が変わるだけという点を強調してもらいます。従業員も、口にこそ出しませんが「社長がいなくなったらこの会社はどうなるんだろう」と考えていますから、M&Aのことを聞くと、たいていは安心します。

また従業員にとっては、大手企業の研修制度を使えるようになったり、社会的与信が上がったり、活躍のフィールドが広がる可能性があるため、むしろ喜ばれるケースも少なくありません。

誤解と質問 11

譲渡企業の経営者や従業員がリストラの対象になるのではないか？

前述したのとは逆に、株式を譲渡した新しい親会社が、譲渡企業の経営者、従業員をリストラするという話ですが、これも杞憂です。実際にそのようなことをしたら、高いお金を払ってM&Aを行った意味がなくなってしまいます。

基本的にM&Aは、譲渡企業が黒字経営であることが前提になります。もちろん、赤字経営だったとしても、特別な技術を持っているとか、取得困難な資格保有者が大勢いるといった理由があれば、譲受け企業が現れる可能性はありますが、基本的にM&Aによって譲受けする条件の一つは、黒字経営であることです。

そう考えれば、譲渡企業の経営者や従業員をリストラするというのは、あまりにも不合理です。経営がうまくいっている企業の経営者や従業員をクビにして、その後の経営をどうするというのでしょうか。素晴らしい業績を維持しているのは、結局、その企業を経営している経営者であり、従業員なのです。

加えて、今の時代は人材不足がどの企業でも深刻な問題になってきていますから、譲受けした会社の経営者や従業員を辞めさせてまで、自社の従業員の負担を増やすようなことをするはずがありません。

そもそも、M&Aを行ったら経営者も従業員も皆、辞めなければならないということ自体が、大いなる勘違いなのです。

誤解と質問⑫

配当を得るのが目的で出資するのではないか?

内部留保をたくさん抱えている企業が譲受けされると、その内部留保を取り崩されて配当を出させられるとか、あるいは会社を強制的に解散させて保有資産を売却し、親会社がキャッシュを確保するといったことをイメージしているのかと思いますが、そもそも配当を得ることが目的であれば、中小企業ではなく、何の手もかからず経営が安定している上場企業の株式を取得するほうが信頼性も含めてはるかに合理的です。

言葉を選ばず言うと、わざわざリスクの高い中小企業の株式を取得するのは、それによって事業上の相乗効果を得たいという狙いがあるからです。したがって、配当を得ることが目的ではありませんし、会社を解散することも考えられません。

V 親族や従業員への承継との違い

誤解と質問 13

事業承継税制の納税猶予制度を活用すれば円滑な事業承継が可能になるのではないか？

中小企業のオーナーが亡くなったケースを考えてみましょう。中小企業の場合、株式は基本的に非上場であり、その大半を経営者が保有していますが、その経営者が亡くなれば、その保有株式を後継者に相続させる必要があります。

後継者が会社の株式（非上場株式）を相続すると、業績が好調な会社ほど、そこに多額の相続税が発生します。それだけの相続税を支払える資金力を持った後継者がいないという中小企業も多く、結果的に事業承継を困難にしています。

事業承継税制は一定条件の下、中小企業の非上場株式にかかる相続税を猶予するという特例制度です。この特例ができたことで、それを頼りにしている経営者も少なくありません。

しかし、相続税を含む各種税金は、国にとって重要な財源ですから、当然、誰もが簡単に猶予を受けられるような制度設計にはなっていません。事業承継税制を受けるためには、いくつかの要件を満たす必要があります。本書のテーマは事業承継税制ではないので、ここで詳しい話はしませんが、例えば、

①贈与・相続の発生から一定期間内に都道府県知事の認定を受ける

②被相続人が会社の代表権を有しており、かつ相続開始直前で50％超の議決権を保有していること（親族など同族関係者を含み50％超保有していること）

③経営を承継する相続人が、相続開始日の翌日から5カ月を経過する日までに会社の代表者になっており、加えて相続開始時点で、議決権を50％超保有していること（親族など同族関係者を含み50％超保有していること）

④一定の要件（資産管理会社に該当しない等）を満たす中小企業経営者に該当すること

⑤猶予される相続税の金額および利子税の金額に見合う担保を税務署に提供すること等の要件を満たす必要があります。

さらに言えば、納税猶予制度はあくまでも「猶予」であるという点にも注意しなければなりません。つまり「免除」ではないということです。最初の事業承継が行われる段階では相続税の納税が猶予されたとしても、その猶予期間が終わり、さらに次の相続が発生した時点で、多額の相続税が利子つきで課せられることも考えられます。

したがって、現実を見据えて会社の承継先を真剣に検討する必要があるのです。そもそも大事なことは、○○に継がせるにはどうしたらいいかという発想ではなく、会社を維持発展させていくために誰に継がせたらいいかという視点のはずです。

誤解と質問 14 息子（娘）に継がせようと思っている①

能力と適性と資本力と本人のやる気が揃っていればよいと思います。逆に、どれか一つでも欠けていたら勧められません。一番多いケースは社長の「息子に継がせたい」という思いが先走っているケースです。ご子息はすでにほかの会社で人生の基盤、生活の基盤をつくっているにもかかわらず、期待を持ってしまっているケースです。ご子息は継ぐ気がない、あるいは業界と年齢からして現実的には継ぐことが困難なのははたから見れば明白でも、社長はかすかな希望を抱きがちです。

この場合、誰に継がせるかが目的となってしまっています。ご子息としても、もしかしたら「親父は俺に継いでほしそうだから、今の仕事は好きだけどいずれ家業を継ぐために辞めないといけない……」と思っていたら不幸です。子供からすれば、たまたま生まれてきた家です。せめて、継いでもいいし継がなくてもいいという選択肢を用意してあげることも、親としての務めなのではないでしょうか。

誤解と質問 15

息子（娘）に継がせようと思っている②

従業員承継の可能性はないとなれば、親族内承継の一択しかないと考えている社長もいるでしょう。親族内承継ができるのであればすでに方向性を完全に固めているのだと思いますが、親族内承継で本当によいのか？　と思っているからこそ、この本を手に取っていただいているのではないでしょうか。

従業員承継は×で、親族内承継は現在△の一択――。これしか選択肢がないのは、経営判断上、危険なことです。そこにぜひ、第三の選択肢としてＭ＆Ａを加えてください。仮にご子息に継がせた場合は、また次の代で必ずこの事業承継問題に直面することも忘れてはいけません。それに、初めて経営をする方と、すでに数百億円の売上を実現しているベテラン経営者に引き継いでもらえるのと、客観的に見て、どちらが会社は安定するでしょうか。

　事業承継は一つの方法ありきで行うものではありません。事業の継続に向けて、あくまで複数の選択肢と同時並行で走らせておくものです。Ｍ＆Ａを進めてみて、お相手が現れたら改めて親族内承継と比較してください。財産の承継も勘案し、いろいろな要素を比較して検討するべきです。

　もう一つ、ご子息に継がせるためにＭ＆Ａをするという選択もあります。仮にご子息が継いだ場合でも、親会社のサポートがあるのとないのとでは大きく違います。Ｍ＆Ａを検討しなければ、ご子息は社長がいなくなった後に一人で経営をしていかないといけないわけです。今後の日本は今以上に経営環境が厳しくなると予想されますが、株も全部引き受けて、多くのリスクを背負っていくことになります。誰に継がせるにしても、Ｍ＆Ａによって親会社を持つことを、経営戦略として検討しておきましょう。

図表2－8　相続財産のバランス

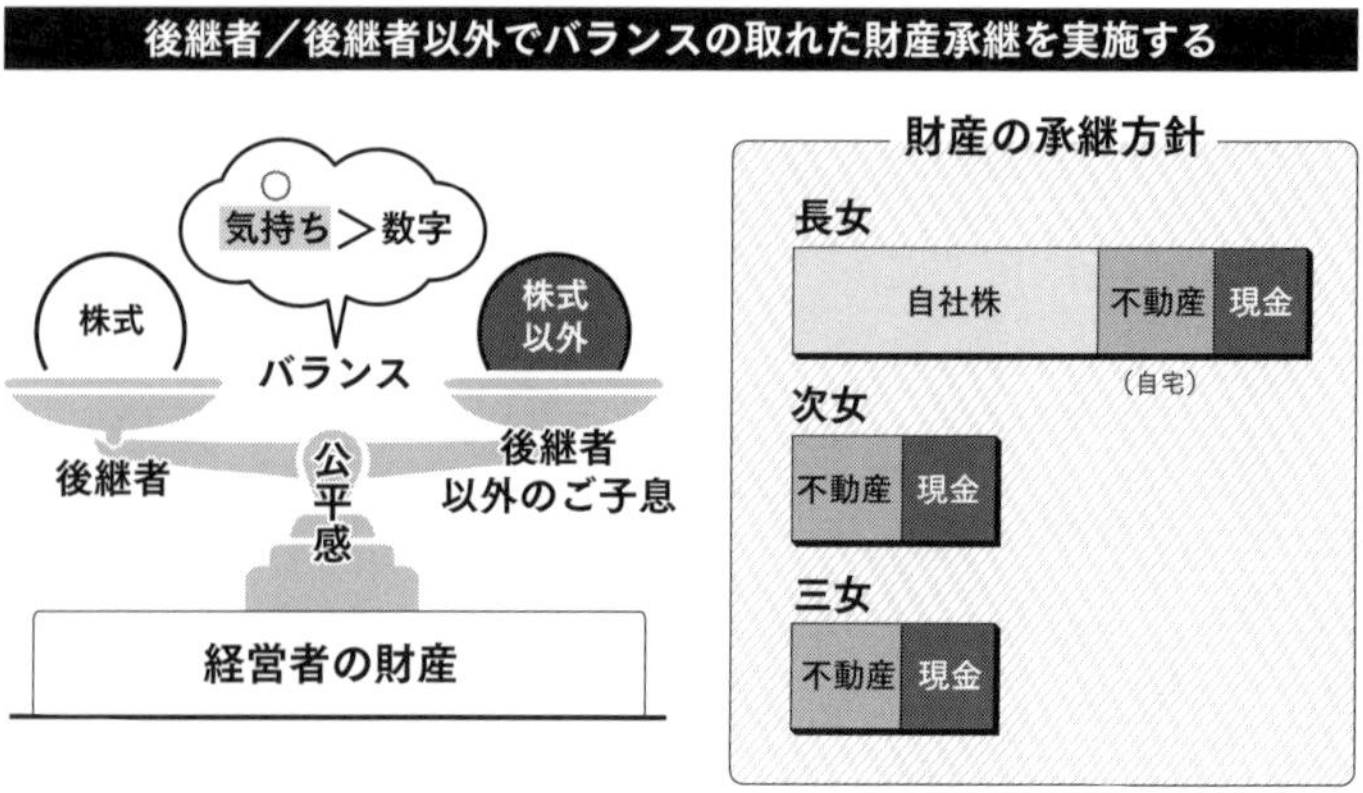

出所：事業承継・M&Aエキスパート協会『事業承継シニアエキスパート資格』テキスト（2018年）

誤解と質問 16

娘婿に継がせようと思っている

娘婿さんに継ぐか継がないかの選択肢を残してあげるのは、経営者としての務めだと思います。娘婿さんとしては、たまたま好きになった人が中小企業の社長の娘だっただけです。継いでもいいし、継がなくてもいい、という選択肢を残してあげたほうが、娘婿さんのためにも、お嬢様のためにもなるのではないでしょうか。

実際に私の友人の女性は、結婚したものの、経営者である父親から夫へ〝継がせたいプレッシャー〟が強く、離婚してしまいました。

そもそも娘婿さんにうまく継がせられたとしても、もし40代であれば、会社の業績と娘夫婦の生活は今後十数年一心同体となります。果たしてその覚悟はおありでしょうか？

それに株の問題も考えておかなければなりません。オーナー家で株を持っている限り「株の承継問題」は必ずまたやってきます。未上場企業のオーナー家は代々税金との闘いになってきます。「金持ち三代」といわれるのは、相続税の負担が重いからです。ですから実際に、自分がつくった会社だから自分の代でケジメをつけるのが筋、という考えを持っている創業者も多いのです。誰に継がせてもいいのですが、株はいずれにしても現金化しておくことをお勧めしています。現金化さえしておけば、財産の承継はいくらでも検討可能ですが、株が株として承継されてしまうと納税の負担も大きく、議決権も連帯保証もついて回ってしまいます。子供が数人いれば不平等になり争族《そうぞく》という事態になりかねません（前ページ**図表2-8**）。現金であれば、3人兄弟ならばキッチリ3等分にすることも可能です。株の問題さえクリアしてしまえば、後継の経営者は手腕と適性のみで検討することが可能になります。

親族内で何とか継がせることだけを目的にするのではなく、もっと先々の大局を見据えて検討していきたいものです。

従業員に継がせようと思っている

会社のことをよく知る幹部社員が継ぐのは、一見すると良い選択です。しかし、従業員承継の場合、一番のネックになるのが、株式の買取資金と連帯保証の交代という、極めて現実的なお金の問題です。能力とやる気だけでは中小企業の経営はやっていけません。いざとなったら個人の資産を会社に投入することも厭わないレベルの「資金力」と「覚悟」が必須です。

また、たとえ役員であろうと、ナンバー2以下の従業員は株や連帯保証を背負っていなければ、社長とは見ている景色が全然違います。失礼ながら、あくまで雇われる側なのです。それに現場力はあったとしても、経営となると全く別の能力を求められます。

加えてよく考えていただきたいのは、Ｍ＆Ａは未上場の株式を現金化できるほぼ唯一の手段であるということです。営業権というプレミアをつけて現金化できるのは、Ｍ＆Ａのみです。従業員に対して営業権をつけて株式売却するオーナーはいないでしょう。そういう意味では手残りは減ります。いくら信頼している従業員でも、継がせることがベストなのか、よく考えるべきでしょう。

誤解と質問 18

次期社長を外部から招聘しようと思っている

外部招聘するなら、Ｍ＆Ａをしたほうがいいでしょう。第三者を入れることに変わりありませんし、どうせ第三者に経営を委ねるなら、経営の経験が豊富な人にしてもらったほうがいいと思います。社外から招かれた社歴数カ月の一従業員を次期社長にするといわれた古参の従業員はどういう気持ちになるでしょうか？　それに、そもそも「株の承継問題」は解決しません。

誤解と質問 19

従業員が株を買えないので自社株買いをしようと思っている。これで何とかなるでしょう？

息子か従業員に継がせることは決定しているが、株価が高くなりすぎているので自社株買いを検討しているという社長もいらっしゃいますが、自社株買いはお勧めしません。

現実的な問題として、まず株を売った人に莫大なみなし配当税がかかります。それに会社のお金というのは、自社の株を買い集めるために使うのではなく、本来は設備投資や採用など本業への投資に使うべきでしょう。

また、そもそも株式会社というのは定義上、株主がいて、株主総会で委任された社長が経営をするもので、自社株買いをすると株主＝会社というねじれた形になってしまいます。わざわざ自社株買いをするくらいならM＆Aを検討したほうが、会社にとってもオーナーにとっても次期社長にとっても合理的ではないでしょうか。

誤解と質問 20

業績好調だし、あと数年で借入も返し終えるから、社内か親族に継がせられるはず

業績好調で借入が減るということは、つまり株価が上がってしまい承継に苦労する、という認識がある経営者は非常に少ないです。逆に株価が低いと、それはそれで借入と連帯保証が大きくなってしまい、承継が困難、しかも財務基盤が脆弱、という方程式があります。事業承継には、社長の座の承継のみならず、株と負債の承継も同時に考える必要があるのです。

誤解と質問 21

株だけ自分が持って従業員に継がせることを検討している

従業員を抜擢して社長とし、株は引き続きオーナーが持つという方法です。これも単純に考えている経営者が多いのですが、「株の承継問題」は解決しません。これが解決しなければ、オーナーとその親族にとってリスクが残ってしまうということです。

会社の最終責任者は株主であるオーナーですから、新社長がうまく経営できなかった場合の責任は、オーナー自身が背負うことになります。当然、連帯保証も背負い続けたままでしょう。

いずれ相続が発生すると、相続対象になって奥様やご子息が株を持つことになります。彼らが会社の経営にタッチしているならまだしも、全く会社経営にタッチしていないのに株だけ持っている状況はリスクが高いでしょう。

また、新社長の立場からすると、会社の経営は自分が切り盛りしているにもかかわらず、最終決定権は株主総会でオーナー一族が握っている。そんな状況では新社長もやりにくいのではないでしょうか。現に、オーナー家を快く思わない雇われ社長との仲が悪いというケースは少なくありません。

誤解と質問 22

少しずつ孫に株を移しているから大丈夫

相続税がかからない非課税の枠内で株を十数年にわたり暦年贈与していっているケースです。子ではなく孫へ一足飛びで贈与しています。まだ継ぐかどうかもわからないのに株を移しているのです。

相続税対策という意味では非常に計画的なのですが、年端もいかない孫にとってはいい迷惑かもしれません。株には議決権があり、それを保有するのはオーナー家の権利でもありますが、それはリスクや責任でもあるとしっかり認識しておきましょう。M&Aによって株式を現金化し、それを計画的に贈与してあげたほうが幸せかもしれません。

誤解と質問 23

うちは株価対策を検討しているから大丈夫

経営努力を続けると利益が出て株価が上がります。しかし、自社株を親族へ移そうとしている場合は、株価が上がりすぎると困ってしまいます。

そのときの株価対策として多いのは、オーナーが多額の退職金を得て赤字を計上し、一時的に株価を落とすという方法です。まず退職金スキームについてですが、多額の退職金を支払うということは、すなわち会社からキャッシュがその分失われるということで、会社にダメージが残ります。その状況で継がせるのが本当に正しいのでしょうか？

また本来、株式会社は営利法人ですから利益を上げることが目的で、利益が出たら従業員に還元したり、次の投資を検討したりすべきです。株価対策のためだけにわざわざ赤字を計上するのは本末転倒でしょう。

それであれば、株価が高くなっているのを逆手に取って、Ｍ＆Ａによって株式を現金化することも検討してみてはいかがでしょうか？　30〜40代ごろのご子息からすると多額のキャッシュが手元に入るということは、子育てや自宅購入、親の介護など人生設計に大きな影響があります。

もう一つが持株会社をつくる方法です。これはよく銀行などが提案してくるスキームでしょう。細かくは記載しませんが、後継ぎがすでに確定している場合ならば、検討してみる価値はあります。

ただし後継ぎが未確定、あるいは会社の経営にタッチしていないご子息に株だけ移行させるようなときには勧められません。根本的な問題を先延ばしにしただけとなるからです。

詳しくはＭ＆Ａコンサルタントに相談するとよいでしょう。

経営努力によって株価が上がるという状況は、事業承継の観点からするとアクセルとブレーキを同時に踏んでいるようなものですが、Ｍ＆Ａを実施すれば、後継者問題も株の承継問題も同時に解決しますから、あとはお身体の許す限りアクセル全開で経営することが可能です。

Ⅵ　適切な相手が見つかるのか？という不安

誤解と質問 24

赤字決算で負債もかなり抱えている。これでは譲受け企業が現れないのでは……

赤字決算だからお相手が見つからないとは言い切れません。会社を譲り受けるかどうかは、業種、立地、財務、固有の技術力、商品・サービスなどの総合判断になります。たとえ赤字決算が続いていたとしても、オンリーワンの技術力があり、その技術を必要としていたり、大手企業の販路を活用して黒字化が見込めたりすれば、十分に可能性はあります。問題は、Ｍ＆Ａが双方にとってメリットをもたらし、Ｗｉｎ－Ｗｉｎのシナジーを生むか

図表2−9　企業同士のシナジー

POINT M&Aは足し算でなく掛け算である

異業種だが重なる領域が一部あるとシナジーが大きくなる。
同県内同業と組んでもシナジーは小さく、全く違う業種であるとシナジーが出にくい。
例えば、アパレルと金属加工の会社が一緒になってもシナジーは出にくい。

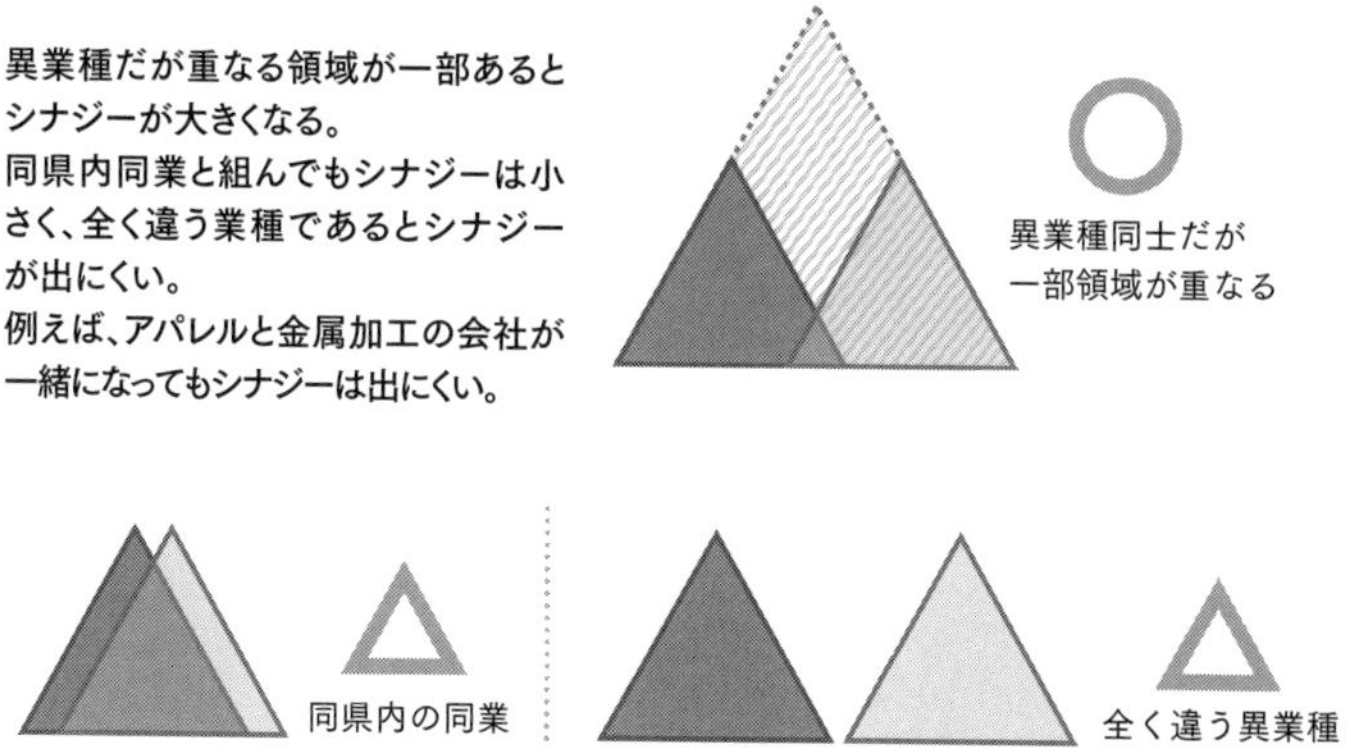

どうかです（図表2−9）。

　また、確かに直近の業績は不振でも、その前に長年にわたり利益が蓄積され、財務体質が優良な企業もありますし、これまで苦しい経営を強いられてきたものの、時間をかけてようやく苦労が実り、売上・利益ともに大きく伸び始める企業もあります。

　したがって、赤字だから譲受けの対象にならないとは一概には言えません。もし優れた技術力や、これから大きく伸びる製品・サービスを提供できる会社であれば、たとえ赤字であったとしても、それを改善してくれる会社を見つければよいだけのことです。悲観する必要はありません。

　また、負債をたくさん抱えていることを気にしている経営者もいますが、負債を抱えている

図表2−10　株主が手にする価値は同じ

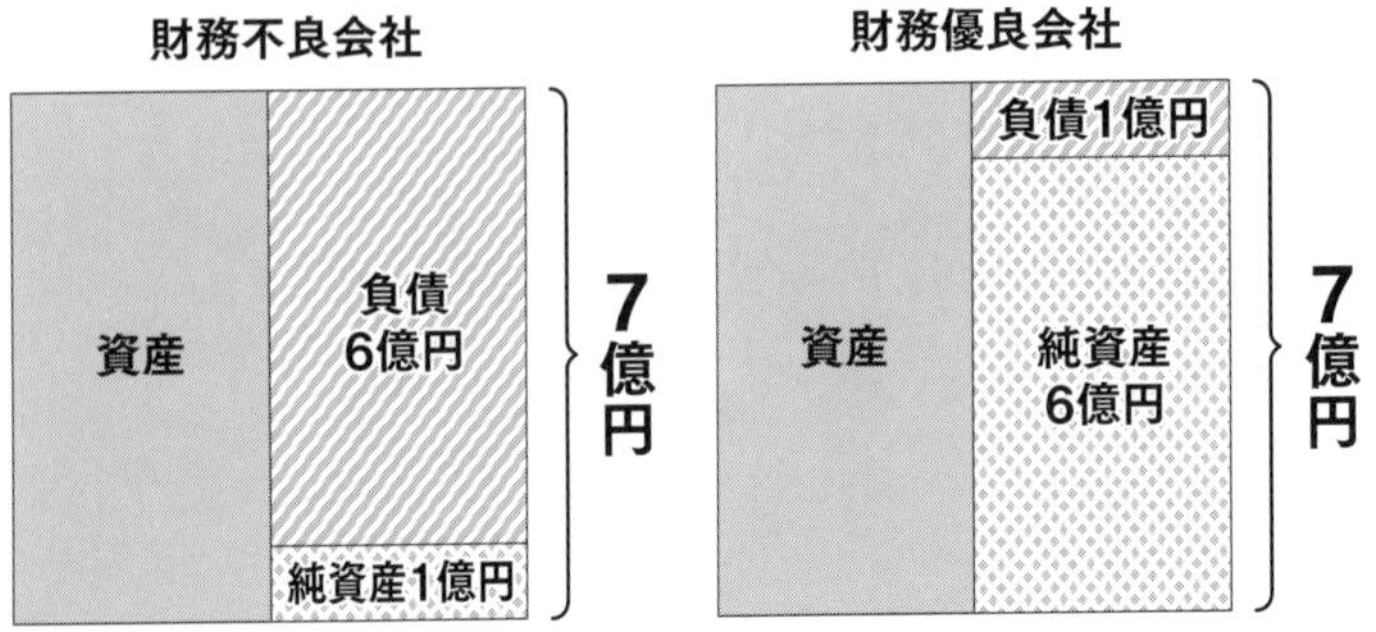

財務が良い会社を買う場合は、株を買うのに6億円、それに負債1億円を引き受けることになる。
財務が悪い会社を買う場合は、株を買うのに1億円、それに負債6億円を引き受けることになる。
譲受け企業はいずれにしても7億円を負担することになる。

場合、その分だけ譲渡企業の株式評価額は安くなります。譲受け企業の側からすれば、負債を引き受けることになる反面、譲渡企業の株式を安く買えるというメリットもあるのです。

一方、譲渡企業の経営者からすれば、自分が持っている株式を安く売ることになりますが、その分大きな負債を引き受けてもらえますので、享受できる経済的な利益は同じになります(図表2−10)。

繰り返しになりますが、赤字でも、あるいは負債を抱えていたとしても、譲受け企業の成長戦略にとって重要なピースとなる企業であれば必ずお相手は現れます。多少探すのに時間はかかったとしても、諦めないことが肝心です。

誤解と質問 25

本当に相手が見つかるかわからないのに動き出しても……

今、日本は完全に売り手市場です。通常1社に対して、相手先は複数社手が挙がります。しかし、動き出さないと見つかるものも見つかりません。ほかに事業承継の手立てがあるのであれば別ですが、もし第三者承継しか手がなさそうであれば、答えのないことに時間を割くよりお相手探しを始めていきましょう。それに仲介会社もプロですから、お相手が見つかりそうかどうかの見当はつきますので、まずは相談してください。

誤解と質問 26

自社の技術を理解できる会社があるのか？

多くの企業には決算書に載らない魅力があります。地域での知名度の高さや、ベテラン従業員が多く特別な技術があるなど、こういった無形の資産はヒアリングしないとわからないわけです。

ご相談いただいた会社の技術などの目に見えない強みも時間をかけてしっかりヒアリン

グさせていただき、そのうえで社長のチェックをもらいながら企業概要書をつくり込んでいきます（次ページ図表2-11）。お相手も企業概要書を見て魅力を感じる「ことのできる」、ある程度知識のあるお相手がきっと出てきます。

誤解と質問27

資産がないからM&Aできないのでは……

資産の有無は企業の戦略によります。何にでもメリットとデメリットがあり、それらは表裏一体です。例えばファブレスメーカーは工場などの不動産を持っていませんが、だからこそ柔軟に移転できたり、外注先を変えたりできるというメリットがあります。運送会社もトラックを自社所有にしている会社もあれば、素早く台数を増やすためにリースにしている会社もあります。資産がないとM&Aができないと考えるのは早計です。

それに資産がないとM&Aができないのだとしたら、IT企業はほとんど不動産を持っていないのでM&Aができないはずですが、今IT業界は再編の真っ只中で人気業種の一つです。譲受け側の方針も資産のある会社が好みという会社もあれば、資産が軽い会社のほうが好みなど、それぞれの判断があります。

図表2－11　企業概要書のサンプル

全体で30～40ページの資料。業界概況から始まり、会社概要、沿革、事業内容（商品・サービス）、強み・弱み／今後の展開、組織のキーパーソン、事業フロー、得意先・仕入先、財務状況などを網羅し、最後に株主の状況や希望譲渡価額などＭ＆Ａに必要な情報まで含む。

Ⅶ 決断のタイミングは？

誤解と質問28

まだ急いでいないのでもう少し考えたい①

M&Aほどタイミングが重要なものはありません。またお相手もいる話ですので、タイミングは選べるようで選べません。

M&Aに関わるタイミングは3つあります。①会社のタイミング、②業界のタイミング、③個人のタイミングです。大事なのは業界のタイミングと会社のタイミングです。

しかし、多くの経営者が個人のタイミングで判断しようとしてしまいます。65歳になったら、70歳になったら、ということです。

お相手側の企業にとっては、業界の今後と会社の業績が一番大事なポイントです。業界のタイミングはメガトレンドでコントロールができません。であれば、会社の業績が良いうちに早めにスタートを切っておくのが、まず間違いがないでしょう。

これから価値が下がりそうな株を買う人はいません。後ろ髪をひかれているときが一番良いタイミングです。事業承継は必ずやってくる問題であり、「準備は早めに、決断は慎重に」が鉄則です。「準備が遅く、決断を焦る」と、それこそ悲劇なのです。

Ｍ＆Ａは理論上メリットがとても多いのですが、唯一の弱点は相手があってできるものであり確定できるものではないということと、時間がかかることです。こればかりはご縁ものなのである程度時間がかかります。良い相手に巡り合わなければＭ＆Ａはしてはいけないし、良い縁があればいつでもＭ＆Ａができるという環境をつくっておくことが唯一間違いがないのです。

誤解と質問 29

まだ急いでいないのでもう少し考えたい②

もしあなたが経営者なら、なぜ本書を手に取っているのかを考えていただきたいと思います。後継者問題や会社の成長について、少なからず悩んでいることがあるからではないでしょうか？　特に後継者問題は、悩んでも後継者が現れることはありませんから、何かアクションを起こさないといけません。

私がＭ＆Ａについてご説明した後、一度家に帰って奥様やご家族と相談されるということもよくありますが、プロに相談しなければ意味がありません。税務のことは税理士に聞くはずです。

第三者承継についてはＭ＆Ａコンサルタントにお悩みを相談してみてください。実際の検討は、お相手と条件が出てきてから始まります。およそ2年以内で、ある程度の企業であれば良いお相手が見つかり成約していくという実績がありますが、裏を返すと2年探して良いお相手・良い条件が見つからなかった場合は、迷うことなく親族内承継か従業員承継に全力で舵を切らなければいけません。場合によっては何とかソフトランディングできるよう廃業も視野に入れて徐々に動き出す必要もあるでしょう。いずれにせよ早めにＭ＆Ａを検討することによってはっきりするのです。

Ⅷ 株価の問題

誤解と質問 30

株価をもう少し上げてから始めたい①

「Ｍ＆Ａはもう数年頑張って企業価値を上げてから」とおっしゃる経営者は多いのですが、ハッキリ言って、今から始めておくのがベストです。

そもそも、満足する条件のお相手が見つからなければ実施しなければよいだけのことです。Ｍ＆Ａをするしないにかかわらず、いずれにせよ自助努力で企業価値を上げ続けないといけないのは変わりません。

また、もしＭ＆Ａ後も継続して経営を担うのであれば、Ｍ＆Ａによる売却益、つまりキャピタルゲインだけで結論を出すのは早計です。Ｍ＆Ａ後の相乗効果による利益がもたらす役員報酬、つまりインカムゲインを含めて総合的に考える必要があります。ここが盲点になっている経営者は非常に多いのです。

もう一つ忘れがちなのが税金です。例えば自社の株価が2億円で、現在役員報酬が２０００万円の社長の場合、あと10年働けば元が取れるという考えでは税金のことを考慮できていません。実際には15年くらい働いてやっとトントンだと思います。

株や不動産などの資産から利益を得て活用するには、〝ＥＸＩＴ〟、つまり出口戦略が大事なのです。60代で3億円手にするのと、80代で4億円手にするのとでは、お金の価値が全然違います。健康寿命における時間とお金の価値も総合的に勘案しましょう。

誤解と質問 31

株価をもう少し上げてから始めたい②

自社の株式価値評価の数字を気にしすぎてなかなか動き出せないオーナーは多いのですが、マーケットに左右される部分もあるので、まずは市場価値を知るべく動き始めるべきです。もちろん安売りする必要はありません。多少ストレッチしたところから提案していけばいいですが、あまりにも理想が高すぎると決まるものも決まらないので、プロの提案も聞いてみてください。譲渡価額がいくらでまとまるにせよ売れないといずれ税金で苦労しますし、売らないと1円にもならないことだけは確かです。また、株価評価の結果は、経営者が長年にわたり築き上げた企業価値を表します。ぜひ一度目安を聞いてみましょう。

Ⅸ 知り合いや税理士への相談という誤解

誤解と質問 32

直接知り合いの会社に持ち掛けようと思っている

私たちプロからすると、取引先などに直接、譲渡を提案するのは、Ｍ＆Ａの最終手段というのがセオリーです。社長が末期がんで余命半年など、急を要する事態ならば話は別ですが、時間に余裕があるなら、まずは視野を広げてお相手を探すべきです。理由は一言で言うとブレイクした場合のリスクが高く、さらに交渉力がそもそも弱い状態から始まるからです。また、直接交渉では「言った、言わない」という水掛け論になりがちで、第三者による仲介はトラブルを防ぐことにもなります。

誤解と質問33
税理士に相談して決めたい

税理士のアドバイスを重視する経営者は少なくありません。信頼できる相談相手がいるのは結構なのですが、最後の結論まで税理士に判断を委ねるのはどうでしょうか。私がお伝えしたいのは、第三者への承継という選択肢を増やし、自社にとってより望ましい事業承継を実現することです。あるいは、成長戦略の手札を増やすこと。これらにマイナスはないはずです。手札を増やす経営判断は、経営の舵を握っている経営者あなた自身で決断しましょう。

誤解と質問 34

M&Aは検討したいけど着手金を払いたくない①

着手金には、企業評価、提案資料作成、全国の候補先へ提案をするための実費が含まれています。着手金に疑問を持ち、「相手が見つかってからなら払うが、相手も出てきていないのに払いたくない」という経営者も中にはいます。

実際M&A業界でも、M&A仲介の参入企業が増え、価格競争が進み、着手金を取る会社はほとんどなくなってきました。完全成果報酬型が増えていますが、本当にそれでよいのでしょうか。

M&Aは電気代や通信料、水道代のように、いくら使ったからいくら払うというものではありません。弁護士相談でも不動産売買でも着手金は必要です。

もちろん、着手金には意義があります。当社の成約件数がダントツで多いのは、むしろ着手金をいただいているからだと私は考えています。相手先からも着手金をいただいているため、興味本位ではなく本気でM&Aを考えている候補先しか紹介しません。

また、一番大事な手残り金額を上げるためには、ご相談いただいた企業の魅力を最大限に盛り込んだ企業概要書の作成が不可欠です。同時に、事前にリスクをできるだけ排除する必要もあります。そのために経験豊富な士業のプロフェッショナルが約40人在籍しており、ご依頼いただいた企業のプロジェクトにアサインされます。

Ｍ＆Ａは、情報が命となるビジネスです。当社が過去30年以上にわたり、全国の金融機関や会計事務所と提携・共働して収集し、積み上げてきたＭ＆Ａのノウハウや事例、譲受けニーズのビッグデータは最大の強みであり、競合との差異性となっています。安心と実績にはそれなりの理由があり、着手金は真剣にソリューションを提供するための裏付けでもあるのです。

誤解と質問 35

M&Aは検討したいけど着手金を払いたくない②

見本市やＥＸＰＯなどに出展する企業も多いことでしょう。それにはそれなりの費用がかかっているはずです。ホームページのない企業は今どき珍しいですし、ＷＥＢコンサルティングやページ制作費に１００万円以上支払うこともよくあります。

Ｍ＆Ａを仲介会社にご依頼いただいた場合も、そこから会社の技術や製品、ひいては会社自体を私たちＭ＆Ａコンサルタントが全国の優良企業へプレゼンしていきます。見本市やＥＸＰＯと本質的には同じ仕事です。Ｍ＆Ａの場合は、ビジネスマッチングのプロが全国の企業に対して提案していきます。着手金は「営業費用」と同じなのです。日本Ｍ＆Ａセンターには６００名超の専任コンサルタントが在籍しています。それだけの人数が全国に営業するわけですから、コストパフォーマンスを考えると投資対効果は高いのではないでしょうか。

また、後継者が未定の企業であれば、第三者承継を選択肢に加えるための「保険料」と言えます。若い社長であれば、今後会社を一気に成長させていくための「投資費用」となります。実際前述した営業費用としての考え方は、私自身がお手伝いした40代のオーナーから言われた言葉です。Ｍ＆Ａの着手金を営業費用として、保険料として、投資費用として、視点を変えてみていただければ、成長への加速を手助けする〝パスポート〟とも言えるのではないでしょうか。経営者として、投資とリターンという視点でぜひ考えていただきたいと思います。

成功報酬が高い

これをおっしゃる経営者はよく調べずイメージで捉えていることがほとんどです。

ただ、成功報酬については安いほうがいいとも思えません。事業承継は、百戦錬磨の社長でさえ、一生に一回しかしない決断です。失敗は許されません。従業員の今後もあるのですから、安かろう、悪かろうではダメです。結婚指輪を中古販売サイトで買う人はいません。

M＆A業界は今や大小入り乱れて、多くの事業者がひしめき合っていますが、私としては、依頼するならば上場企業をお勧めしています。この業務は形のあるものを販売しているわけではないので、「信用・信頼」だけがキーワードになるからです。

成功報酬はあくまで、すべての条件に満足して初めて支払うものです。相手先から提示された株価がいくらで、手数料がいくらかかり、税金がこれだけかかるので手残りがこうなりますよ、というシミュレーションに納得したうえで実行しているので、明細がはっきりしています。思ったより手残りが少なかったということはありえません。成功報酬という絶対額だけを見るのではなく、最後は大局的な視点で判断すべきでしょう。

第3章

M&Aにまつわる20のストーリー

本章では、筆者が実際に経験した全国各地のM&A事案を基に、代表的な5つのカテゴリーに分け、ケースストーリー仕立てで解説していきます。後半には、再生案件や失敗例を掲載しておりますので、ぜひ最後までお読みください。なお、企業名のイニシャル・地域名等は仮の設定となっており、実際の事例を基に複数の事例を組み合わせたフィクションになっています。実在する企業とは直接関係はないことをご了解ください。しかしながら、企業経営のリアルな葛藤を経て、導き出されるトップの決断と問題解決のさまざまな物語から、読者の皆さんが学べることは少なくないはずです。

ケースストーリー一覧

	M&Aカテゴリー	No.	社名	地域	業種
I	事業承継型	1	A社	九州	建設機械リース業
		2	B社	東海	管工事業
		3	C社	中部	化学品卸業
		4	D社	四国	金属加工業
		5	E社	中部	運送業
		6	F社	東北	葬儀業
II	成長戦略型	7	G社	北海道	工作機械製造業
		8	H社	近畿	広告制作業
		9	I社	近畿	学習塾
		10	J社	関東	化粧品製造業
		11	K社	関東	人材派遣業
		12	L社	北陸	電気工事業
III	再生・危機回避型	13	M社	東海	医療機器販売業
		14	N社	中国	食品製造業
		15	O社	九州	旅館業
IV	EXIT（出口戦略）型	16	P社	北関東	繊維製品卸業
		17	Q社	関東	ソフトウエア受託開発業
V	失敗から学ぶ	18	R社	北関東	繊維染色業
		19	S社	東北	飲食業

Ⅰ　事業承継型のケース

STORY 1

〈九州・建設機械リース業A社の場合〉

トップの思い込みからくる迷いを打ち消し、最後に下した〝決断〟

◆設備投資で借入金が膨らみ、個人保証が従業員承継の足かせに

A社は実は初回面談から実際にM&Aを決断していただくまでに、長い時間がかかりました。

建設機械リース業を営んでいるA社社長は、創業者の奥様にあたる方でした。創業者であるご主人が心筋梗塞で急逝し、専業主婦であった奥様が急遽後を継ぎ苦労して経営されていました。

なにぶんにも財務内容が厳しい状況でした。これは建機リース業だけでなく、運送業や建設業、製造業にもありがちなのですが、例えば建機リース業であれば建機在庫の品揃え、整備工場の運営、ヤードの確保、多数の営業所が必要など、売上と利益を出すために先行して設備投資をする必要がある業種は、資産も負債も大きくなる傾向が見られます。

A社はまさにその典型的なケースで、ロードローラー、パワーショベル、トンネル掘進機等を買わなければそもそも商売になりません。A社の場合、建機を多数抱えた大きな会社だったので、社長の個人保証で銀行から借り入れている債務が4億円近くありました。

A社社長は当時58歳。経営を引き継いで5年が経過していました。今後、会社の存続を考えたとき、そろそろ事業承継を真剣に考えなければならない時期にきていましたが、一人娘に事業を継ぐ気も継がせる気も全くなく、そうなると従業員承継か、もしくはM＆Aによる第三者承継を検討しなければなりません。

図表3−1　ポートフォリオの改善

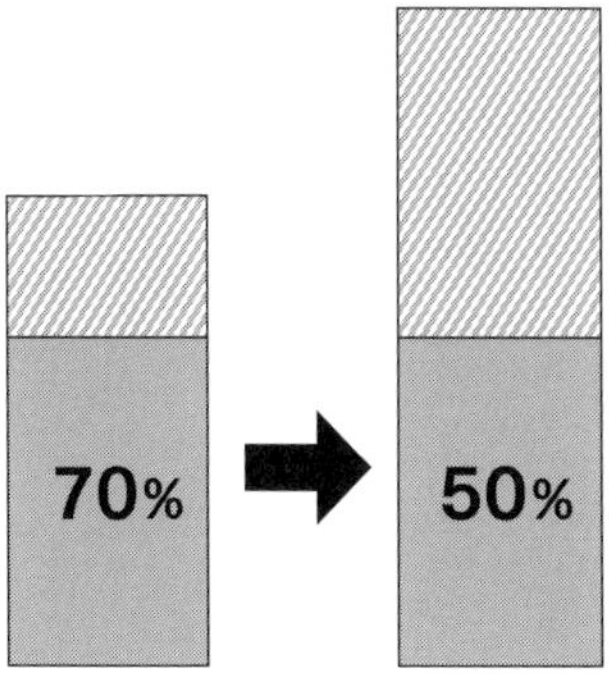

1社に売上もしくは仕入が傾注している会社でも、それ以外の仕事を増やすことができれば結果的に売上比率を抑えることができる。

また、会社の売上が特定の取引先に大きく偏っていた点も懸念されました。A社の売上の約70%が、1社によるものだったのです。ポートフォリオの改善が必要でした（**図表3−1**）。

建機リース業界は、もともと建設業者が有形固定資産や金利等の増加に伴い機械の保有からリースの利用へと転換させて発展してきた業界です。しかし昨今ではゼネコン等の元請会社の値下げ要請は大変厳しく、オペレーターの技術力に関係なく相見積もりが取られ最安値で取引が行われることが多くなっています。そうなると、すでに割賦や償却が終わった古い機械を保有している会社が仕事を獲得するようになります。その結果、新たな設備投資が抑制されるという悪循環に陥っています。一方、建機は安全面、省エネ、盗難防止の面から毎年のように新機種が登場しています。今後は、継続的に新機種の導入・入れ替えをしていき、かつ生産性向上のためにオペレーターの技術力向上が重要になってきます。実はＩＴ活用も積極的で、ＧＰＳにおいては各建機の現在地や稼働状況をオンタイムに把握し盗難防止にも役に立っています。つまりある程度資本力の有無が生き残る会社と淘汰される会社を分けるファクターとなっているということです。

実は当初、Ａ社社長は血縁外の取締役に事業承継をしようと考えていました。ちなみにこの取締役は創業者の右腕として経営を支えてくれた功労者で、Ａ社の株式を20％保有していました。残りはＡ社社長が持っています。そういう意味では、Ａ社社長にとって取締役は腹心中の腹心だったのですが、彼に事業承継をするには4億円近い借金が大きなハードルになります。何しろＡ社社長が個人保証している借金なので、Ａ社社長が持っている80％の株式を取締役に譲渡すると、約4億円の借金の保証人も取締役に移行してしまいます。それはさすがに難しいだろうとお伝えしました。そうなれば、残る選択肢はＭ＆Ａしかありません。

◆疑問を一つひとつ解きほぐした結果、Ｍ＆Ａが最も損をしないと納得

Ｍ＆Ａしか選択肢がないことは、Ａ社社長もだんだんと理解されてきました。しかし、不安が先走ってしまったのか、「Ｍ＆Ａでほかの会社の傘下に入ったら、今の主要取引先Ｖ社から仕事を切られてしまうのではないか」と吐露されました。

これについては、「その可能性はかなり低いです。そもそもＶ社も、自分のところだけでは建機と人員が足りないし立地の観点からも御社に業務を依頼しているはずです」とお伝えしました。通常、丁寧に説明すれば取引先も理解してくれますし、取引先としても、口には出さずとも後継者問題を心配していることが多いので、Ｍ＆Ａは歓迎されることのほうが多いのです。

また、「Ｍ＆Ａをしたら従業員から後ろ指を指されるのではないか」という懸念に関しては、あくまでも最終契約を締結した後になりますが、通常は社長からしっかりと従業員に話をしていただきます。

確かに、Ｍ＆Ａをすると従業員からの反感を買うのではないか、と心配する経営者も少なくありません。それを防ぐために「譲受け企業の社長と前向きな提携をしたので、皆も

これから力を合わせて頑張ってもらいたい」という社長の力強い言葉がとても大切になってきます。

Ｍ＆Ａを実行した後も、今のＡ社社長が引き続き経営の舵取りを行い、取締役もそのままで、従業員のリストラはなく、給料も変わりません。従業員への発表では、従業員にとって、このＭ＆Ａは損をするような話ではないということをしっかりと伝えます。

また、Ｍ＆Ａが成立した場合、Ａ社の株式は、現保有者であるＡ社社長と取締役の二人から譲受け企業に移されることになります。

「株を売却することで不満に思う従業員もいるのではないですか」と、社長は心配を口にしました。

しかしそもそも、現時点においてＡ社の株式を社長と取締役の二人で持っていることを知っている従業員は一人もいません。「誰が株式を持っているのかは、従業員にとってそれほど重要なことではないのです。それよりも従業員にとって大事なことは、今月と来月の給料が変わらないこと、就業条件や勤務地が変わらないことです。ましてや今回社長さえも変わらないのですから」と言ったところ、いったん納得してもらえ、検討を重ねることになりました。

このように、じっくりとＡ社社長に向き合い、考えている疑問点を一つずつ解消していったのですが、それでもまだ悩んでいる様子が続き、長く時間がかかったことを記憶しています。

この時点で、すでにＡ社の株価算定が終わっていました。ちなみに取締役が保有している20%分を現金に換算したところ、数千万円になりました。ただ、取締役が自社株を現金化するためには、やはりほかの会社とのＭ＆Ａしか方法がありません。もしＭ＆Ａをせずに、Ａ社社長が保有している株式を全部、何らかの方法で取締役が引き受けたら、その時点で約４億円の借金も抱えることになるため、現実的ではありませんでした。

「悩めば悩むほどほかに方法がないことをご理解されてきていると思います。ご心配やご不安はなくならないと思いますが、ここは合理的に判断すべきではないでしょうか。社長が最後にどういう決断をされるかは別として、少なくとも選択のカードを増やしておいたほうがいいのは間違いないですし、結局相手先が出てこないと机上の空論にすぎません」

さまざまな可能性を考え、最後まで悩まれましたが、最終的にはこの一言が決め手となり、Ａ社社長は提携仲介契約に踏み切ることになりました。

最終的に、Ａ社は上場企業のグループ会社の傘下に入ることになりました。途中、労務問題の発覚などもあり、１年近くの間ストップするなど時間がかかりましたが、Ａ社社長には大変感謝されました。

POINT

親族や従業員が事業を承継する場合、社長の椅子だけでなく、借入金などの債務も引き継ぐ覚悟があるかどうか。財務状況によっては、選択肢はそれほど多くないことを知っておくべき。

STORY 2

〈東海・管工事業B社の場合〉

早めの決断により株式の譲渡益に加え、経営者としての報酬も確保

◆業績は好調だが、事業承継の問題からM&Aを意識

本件の依頼人は東海地方の管工事業共同創業者であるB社の社長と取締役2名でした。お三方はもともと、とある企業に勤める一従業員でしたが、会社が傾いたため残っていた従業員たちをお三方がまとめて引き受け、新たに会社を立ち上げて再度ゼロから立て直してきた背景があります。

お三方とも50代半ばと若く、事業承継といっても、一見まだ先の話に思えます。ただ、

会社のさまざまな状況から総合的に考えて、将来的に事業承継問題が浮上するリスクがあります。

「親族内承継はありえないし、従業員にも継げる人材はいない。いずれM&Aを行うしかないと思う」

B社社長は、お会いした当初からこうはっきりと認識されていました。

B社は給排水・衛生設備工事をメインとする管工事業を営んでいます。東海エリアの中堅企業で、中規模以上の建築物の管工事を施工する野丁場型の取引形態がメインです。受注のうち元請けが7割、下請けが3割という事業構成になっています。株式はB社社長が50%、残り50%を取締役のお二人が保有していました。

事業承継問題が浮上する恐れがある一番の要因は、業績がしっかりしている会社だったため、株価の評価が高かったことです。株価の簡易評価を行ったところ、10億円近くになっていました。ここまで評価額が高くなると、親族内承継はもちろんのこと、従業員承継も困難になります。それは株主であるお三方ともよく理解していたので、M&Aに対する抵抗感は全くといってよいほどありませんでした。

ただ、この会社の業績がよく、財務内容がしっかりしているもう一つの理由は、お三方ともそれほど多くの役員報酬を取っていなかったからでもあります。社長の役員報酬でも

１０００万円程度でした。

これは建設業界の経営事項審査のためなのですが、役員報酬を取るよりも内部留保を厚くして格付けランクを高く維持するためです。本来、このくらい利益が出ている会社であれば、社長で２０００万円程度の役員報酬を取っていてもおかしくありません。しかし会社を安全に経営していくために、あまり役員報酬を取らず内部留保を積んできたので、財務上は繰越利益がかなり貯まっているという状態でした。

しかし、建設業界の将来見通しが明るいのであればともかく、今後10年を考えると、かなり厳しいというのが正直なところです。昨今は住宅・ビル建築において高度化が著しく進展し、総合管理システムの活用が要求されていますし、設備機器メーカー、電気工事業者等異業種からの参入、また技能工の確保問題は深刻です。労働集約型の産業であり施工管理技士、工事技術主任者、配管技能士など即戦力となる資格者が必要です。それに今後のことを考えると、省エネ、エレクトロニクス関連設備工事など技術革新が進む中で専門的な知識・技術・新工法の習得も必要でしょう。

今はよくても、今後10年で建設業界が今以上に厳しくなれば、会社の業績が落ち込み、たっぷりある内部留保を取り崩しジリ貧になる恐れがあります。

そうなったときにＭ＆Ａで会社を譲渡しようとしても、恐らく引き受け手がつかないでしょうし、幸運なことに見つかったとしても、今のように良い条件では譲渡できない可能性も高くなります。

◆株式の譲渡益を運用すれば安定的な収入源にもなる

M&Aのメリットの一つに、今後3～5年分の利益を、ノーリスクで今、受け取れるというものがあります（次ページ図表3−2）。

したがって、業績も財務内容も好調な今のうちに譲渡したほうが、B社の株式を保有しているお三方にとっては有利なのです。

これは簡単な計算でわかります。

例えばB社社長の役員報酬が１０００万円。そこから税金や生活費を除いたら、毎年貯蓄できる資金は２００万円程度でしょう。仮に社長の年齢が55歳で、65歳までの10年間働くとしたら、その間にできる貯蓄は２０００万円です。

しかし、今の状態で全株式を譲受け希望企業に引き受けてもらえば、B社社長の手元には5億円程度の現金が入ってきます。ここから成功報酬と税金を差し引いたとしても、手残りは4億円程度。これを仮に年2%で運用できれば、毎年８００万円のリターンを得ることができます。また、親会社との相乗効果を発揮すれば、経営に対するリスクも軽減で

図表3－2　将来的な利益の先取り

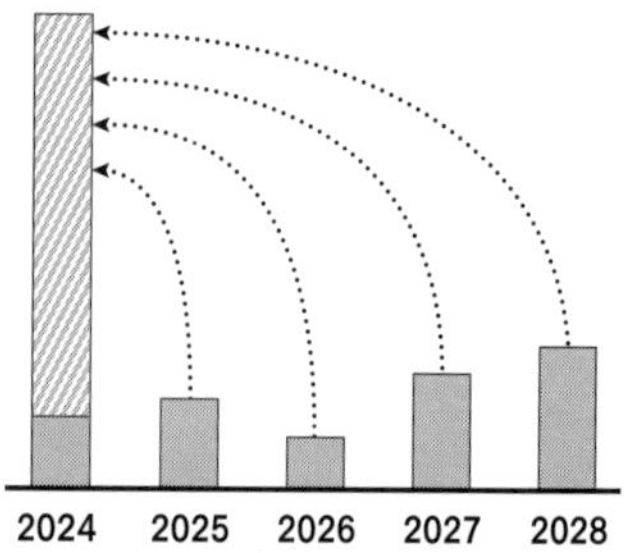

M&Aは将来的な利益を、今ノーリスクで享受できるのもメリットの一つ。中小企業の経営は先の見通しがしづらく一寸先は闇とも言える。
3年先、5年先まで今と同じような利益が出るかわからない中、将来的な利益を享受できるのは金銭的メリットとして大きい。

きます。近い将来の事業承継問題もこの時点で悩むことがなくなり、アクセル全開で経営できるでしょう。どちらを選んだほうが、B社社長にとって安心でしょうか。必然的に答えが出てきます。

　そのうえお三方は株式を全部譲渡した時点で現役を引退するわけではありません。まだまだ働き続ける意欲もありますし、M&Aの契約が締結された後も、譲受け企業は経営手腕が確かなお三方に引き続き、今の立場で働き続けてもらいたいと考えているはずです。

　とはいえ、こうしたお話はどんな百戦錬磨の経営者にとっても一生に一度の経験です。本当に今から進めていってもいいのだろうか？　という漠然とした不安はやはりお持ちでした。

「親族にも従業員にも現実的に継がせられる方がいらっしゃらないということであれば、将来的には第三者承継が濃厚だと思います。リスクを取って創業し、苦労して会社を経営されてきたお三方は、きちんと創業者利潤を取るべきです。それに業界の先行きを考えると、シナジーのあるお相手との提携は検討すべきだというお考えもお持ちだと思います。M＆Aは『業界のタイミング』、『会社のタイミング』、『個人のタイミング』という3つのタイミングを総合して考えないといけませんが、一番大事かつコントロールできないのは、実は『業界のタイミング』です。だからこそ、会社の業績が良い今からバッターボックスに立ち、良いボールがきたときにバットを振れるよう準備をしておきましょう。皆様が築かれてきた企業文化や育ててきた従業員たちを大事にしてくれるお相手を、焦らずじっくり時間をかけて探していきましょう」

そのようなことを一つずつ説明していく中で、徐々にM＆Aに対する決心が固まっていきました。

社長と取締役のお二人は別々の拠点で管理監督をしていましたので、私はお三方の間を行ったり来たりしながら、最終的にB社とは6回、面談を行いました。初回面談から2カ月後、お相手探しをするための提携仲介契約に押印いただきました。

◆ライバルとの競争に勝ちたい同業大手とマッチングに成功

最終的にB社は、営業で接点のある大手の建設会社とのM＆Aが決まりました。この建設会社としては、付帯設備として管工事のニーズを多く持っていながらも、自社で実施することができずすべて外注していましたが、技術力の確かなB社と資本関係を結んだ場合、B社が拠点を置く東海エリアにおける営業基盤の強化、および外注している管工事を内製化させることができるようになります。まさに戦略的に必然であったと言えます。

B社社長と取締役のお二人は、親会社とのM&A後もB社に残り、引き続き仕事を続けています。さらに取締役のうちお一人は親会社の拠点を一つ任されるようにもなりました。

B社としてはこのM&Aで経営・資本が安定したのと同時に、親会社の人事部のサポートにより人材採用力が向上し、さらに多くの工事の受注が可能になり、お互いにシナジー効果が得られることになりました。

POINT

M&Aによって必ずしも経営権が完全に失われるわけではない。むしろ、株式の譲渡益によって経営者としての長年の努力が報われることもある。譲渡のタイミングが肝心である。

STORY 3

〈中部・化学品卸業C社の場合〉

公的機関が2年かけても探せなかった相手企業が、わずか3カ月で見つかった！

◆無借金経営・取引先も多数。でも廃業しなくてはならない？

この会社の社長は73歳。創業者の長男が社長を引き継いだケースです。

C社は、主に工業用製品に使用される合成樹脂や塗料、各種素原料などの化学品を中部圏内に卸している会社で、従業員が5人。平均年齢が50代半ばという高齢化の進んだ小さな会社です。日本における化学品商社は、輸入品は汎用化学原料が中心で、輸出はスペシャリティ製品が多い。社長には奥様と二人のお嬢様がいて、3人とも取締役に名前を連ねてはいるのですが、実際の経営はC社社長が一人で仕切っており、そのため親族内承継は考えていませんでした。

とはいえ、社長の年齢が73歳ですから、早晩、事業承継のことを真剣に考える必要があります。C社社長と会社のすぐ近くにあるご自宅で最初の面談をしたのですが、その時点ですでに社長は事業承継を諦めていて、もう廃業しかないと思い込まれていました。

しかし、財務内容を見せてもらうと無借金経営を続けていますし、売上もしっかりあります。取引先の口座も１００社近く持ち、これを廃業させるのはもったいない、そんな状況だったのです。

「この仕事をしていると、いざとなったら廃業すればいいとおっしゃる経営者の方にお会いしますが、廃業は決して簡単なことではありません」

言いにくいことですが、誤解される経営者が多い問題なので、最初にはっきりお伝えしました。C社社長は、目を丸くしてこちらをじっと見つめます。続けて私は、

「数カ月前から取引先や仕入先に廃業する旨を通知すると思いますが、そうすると取引先は次の仕入先を探しますので、みるみる売上は落ちていきます。仕入先は焦げつきを恐れて売ってくれなくなるケースもあるでしょうし、また会社都合の廃業ですので、場合によっては従業員に割増退職金を支払わなくてはいけないこともあります。建物は取り壊し費用に数千万円かかると思いますし、土地も思ったように売れず廉価で売却せざるを得ないことも多いです。設備関係や在庫も二束三文で売って、残ったお金で銀行の借入を返すわけですが、それでお金が残ればまだしも、お金が残らなかったらいわゆる倒産です。かろうじてお金が残っても税金がかかります。廃業は、手続きも複雑なうえ、手残りも少なく、従業員も路頭に迷うワーストストーリーです」と、あえてやや強めにお話ししました。

廃業とは、子供のように手塩にかけて育ててきた企業に対して、まだ将来を模索するこ

とができるにもかかわらず命を絶つ行為だと私は思います。廃業してしまったほうがラクなどとおっしゃるオーナーもいらっしゃいますが、逆に廃業のほうがM&Aと比べてはるかに手続きは煩雑だと覚えておいていただきたいです。

◆なぜ相手が見つからないのか？

実は、社長自身は事業を承継するのならば、M&Aしか選択肢が残されていないことは理解されていました。

そうであるにもかかわらず、私が初回面談を行った時点で廃業を考えていたのは、すでにM&Aを行うつもりで、ある公的機関に会社の譲渡先探しをお願いしていたものの、全く結果が出ていなかったからでした。

その時点で、譲渡先探しを始めてから2年が経過しています。

「これまで何社くらい、面談されたのですか」

そう聞いたところ、「2社です。でも、どちらも面談まで進みましたが、そこから先に進まないのです」

この回答に驚きはありませんでした。このような優良企業が2年もかかってやっと2社しか面談できず、しかもまだ成約できていないという現実は珍しくありません。M&Aのお相手探しというのは、幅広い情報ネットワークと、それをリスクなく無事に、良い条件で成約まで導く高いノウハウが必要となるのです。

さかのぼるとＣ社社長が会社の譲渡先探しを始めたのが71歳のとき。もうそろそろ引退したいと考えており、その時点では会社を畳むつもりでした。従業員にもそう伝えたところ、「会社を畳まれたら働くところがなくなってしまうから困る」と言われてしまったそうです。それならＭ＆Ａを考えてみようと、その公的機関に着手金50万円でお願いした、という経緯でした。公的機関にお願いしたのは、民間のＭ＆Ａ仲介会社に依頼すると、着手金や成功報酬が高いと思ったからとのことでした。

しかし、結局譲渡先を見つけることができず、Ｃ社社長はいよいよ廃業しか選択肢がないというところまで追い込まれていたのです。私がＣ社を訪問したのは、そういうさなかでした。

◆業界大手のプロへの依頼は、名医に手術を頼むのと同じ

正直なところ、無借金でしっかり売上がある会社であれば、当社が探せば、お相手はすぐに見つかります。当社への着手金を惜しんだがために、廃業を考えざるを得ない状況に陥っていると感じました。

なぜ、私たちがしっかりと着手金をいただくのか。それは本気度と品質の証と言ってもよいと思います。高い着手金をいただいているからこそ、本当の意味でお客様に満足していただける相手先を探しますし、譲受け希望企業に対するプレゼンテーションも真剣に行うのです。やや大げさな言い方ですが、研修医に手術を依頼するのと、費用のかかる名医に手術を依頼するのと、どちらがよいか想像していただければ、おわかりいただけるのではないでしょうか。一生に一回のみの、絶対に失敗できない局面なのです。

そのようなことを2回目の面談で話したところ、C社社長は納得してくれたのですが、それでも今一つ煮え切らない様子でした。

「そうは言っても、公的機関の担当者も2年間、頑張って探してくれている。なかなか蔑ろにはできないし……」

「M&Aは〝ゼロ・ヒャク〟の世界です。手術と同じで成功できたかどうかがすべてです。そして一生懸命やるのは当たり前です。従業員さんとそのご家族の生活がかかっている以上、情だけで行うものではありません。頑張りましたが命は救えませんでした、というものではないはずです。時間が経てば経つほど、従業員さんの平均年齢も上がっていきます。そうなると、ますます成約は困難になり結果的に従業員さんたちが困ることになります。社長、私を信じて1年だけ、1年だけお時間をください。そうすれば、必ずや納得していただけるお相手を探してきます！」

熱量を込めてこのようにお伝えしたのを覚えています。そのくらい、私はC社がM&Aによって事業を継続できる可能性を確信していました。

◆より規模の大きい譲受け企業との提携で、安定した経営基盤を手に入れる

そのようなやりとりを経て、4回目の訪問をしたとき、C社社長はようやくM&Aを本格的に開始されることになりました。初回面談からは半年近くが経過しています。

結果、わずか3カ月で「C社を譲り受けたい」という優良企業を見つけることができました。大手上場企業の売上100億円を超える流通関連会社です。これによってC社に勤めていた従業員も、より安定した会社で働けるようになりました。また事業上のシナジーとしては、譲受け企業の持つ流通チャネルと、最先端の物流倉庫の活用による効率化なども図れるようになりました。譲受け企業側としても、C社の持つ取引口座、商品ラインナップを新たに獲得できたことになります。C社社長も大きな決断に向けて、半年悩んだ甲斐がありました。この結果に大変満足され、関係者全員がハッピーに終わった案件です。社長の奥様からは涙を流して喜んでいただけました。

POINT

廃業は従業員にとって「失業」を意味する。従業員だけでなく、取引先のためにも事業を永続させるのであれば、その手段を合理的に考え、信頼できるプロに依頼すべき。

STORY 4

〈四国・金属加工業D社の場合〉

銀行との関係、債務保証、経営の経験不足——従業員承継に立ちはだかるハードル

◆資本金が少なければ従業員承継も可能なのか？

D社は医療用光学機器などの金属部品の精密切削加工業。昭和初期に創業し、長い歴史を持っています。現社長で5代目になります。

現社長には子供が一人いますが、すでに東京の会社に勤めていて家業を継ぐ気はないということでした。ただ、50代前半の部長がぜひ、社長を引き継ぎたいと言っており、従業員承継も視野に入れているという話でした。

株式の買い取りや連帯保証人の差し替えなど、従業員承継を行う際の難しさについてD

社社長に説明したところ、「うちの資本金は300万円だから、部長でもお金を出せるはずですよ」とおっしゃいました。

しかし、そのような認識は間違いです。仮に部長が社長を引き継ぐことになり、D社社長が持っている株式を譲渡する際は原則として時価で株価が計算されますから、業績次第でもありますが、300万円では収まらないことのほうが多いのです。また、D社社長が連帯保証している借金が会社にある場合は、保証人の差し替えが求められます。つまり、連帯保証人もD社社長から部長に変更する必要があるのです。

そこで決算書を拝見したいと申し出たところ、「あまり見せたくないのだけど……。仕方ないね。見せないと経営状態がわからないでしょうし」と、ためらいながら差し出してくれました。見たところ、この年の上期は赤字決算です。

問題は、部長がそれらを理解したうえで、社長を引き継ぎたいと言っているのかどうかです。

その部長は勤続30年で、本人は会社の業務内容をすべて把握しているつもりですが、経営に携わったことは一度もありません。入社以来、これまで営業畑一筋で社業に貢献してこられました。

これは非常に厳しい話ですが、仮にその部長が社長になるとなった場合、銀行が連帯保証人の差し替えに同意しない恐れがあります。銀行側からすれば、これまで経営に携わったことがない、しかも相応の資産があるように思えない相手では、支払能力を疑わざるを得ません。

そうなると、D社社長が社長の座を部長に譲ったとしても、結局、連帯保証人から抜けることができず、そのまま借金返済のリスクを背負うことになります。

これでは、何のための事業承継かわかりません。

また、社長になるには、現金化が困難な「売れない株式」を一般的には全部取得しなければならず、さらに会社の借金の連帯保証人にもならなければいけないという条件を、部長の奥様が納得するか、という家庭の事情もあります。

恐らく、そうした条件を受け入れる奥様は少ないでしょう。事実上、家計から株式の購入資金が出てゆき、かつ連帯保証まで抱えることになるのですから。

したがって、部長にやる気があっても、ここはM＆Aを並行して考えておくべきでしょう。むしろ、部長に継がせるためにM＆Aをするという選択もあります。

◆事業存続に向けて、3つの選択肢のどれを選ぶか？

この時点での選択肢は3つあります。

第一は、D社社長がしばらく社長を続けること。ただし、この方法はどこかの時点で必ず事業承継問題に直面します。

第二は、M&Aを行った後、D社社長に会長や顧問になっていただき、部長を社長にして取締役を譲受け企業から入れてもらうこと。また営業人員も譲受け企業から派遣してもらうようにする。

第三は、M&Aを行った後、D社社長には会長や顧問になっていただき、社長を譲受け企業から派遣してもらい、営業部長を取締役にすること。部長には新社長の下でしばらく経営を学んでもらい、しかるべきタイミングで社長を任せる。

もちろん、そのためには部長に経営者の力量が備わっていることが、最低限の条件になります。

D社社長は「あと10年は経営に関わる」と従業員に対して公言していましたが、10年後の年齢は70歳を超えます。そこで本当に後継者が見つからないという事態に直面したらどうなるでしょうか。業績がどんどん上向いていれば問題ありませんが、高い技術を持つとはいえ、下請け型の仕事も多く、未来が厳しいことは、D社社長も認識していました。

D社はコンピュータで数値制御を行うNC旋盤やマシニングセンタについては比較的新しいものを導入していました。しかしそうした先行投資の借入が重く苦しんでおり、またそれらを扱う工員たちが高齢化してきていることが課題でした。今後精密切削加工は、新興国の技術水準の向上に対抗し、ＩＣＴやＡＩ、ＩｏＴにいかに投資し、２次加工、３次加工を削減できるかが分水嶺となります。

「これから先、業績が厳しくなることが予想され、実際に赤字基調になり始めているのは、社長もご認識されていると思います。従業員承継したところで何かが大きく変わるものではありませんが、Ｍ＆Ａで相乗効果が見込める親会社ができれば、設備投資や教育・採用にもドライブをかけられるでしょう。海外への販路が拓ける可能性も出てくるかもしれません。いずれにせよ、部長に会社を継ぎたいという心意気があるのは非常に喜ばしいことですので、むしろ部長が安心して将来的に継ぐことができるような会社にしておかないといけないと思います。そのための成長シナリオをきちんと社長の代で描き、いつでもバトンタッチできるようにしていきませんか。今の状況では、部長に引き継がせられないと思います」

大変言いづらいことでしたが、私からそのようにアドバイスを申し上げたのも、Ｄ社の将来を考えてのことです。事業を再び成長軌道に乗せるためにも、やはりＭ＆Ａしか選択肢が残されていないように感じました。

また、Ｄ社に事業資金を融資している銀行としても、Ｄ社社長の個人保証で資金を融資し続けるよりは、M&Aによって、どこかの大手企業が親会社になって、D社の借金を保証してくれたほうがはるかに安心でしょうし、さらに追加融資を引き受けてくれる可能性も高まります。

現実的に考えても、第二もしくは第三の選択肢しかない、ということになります。あとは、D社社長がどこで会社の譲渡を決断するか、ということですが、これについては４回目の面談を行った際に決断していただけました。

◆負債込みでも譲受け希望企業が見つかる

最後まで、D社社長は「うちは負債が大きいから、なかなか引き受けてくれる先が見つからないのでは」と心配されていました。

しかし、M&Aの可否は負債の大きさだけで決まるものではありません。負債が大きければ、株価は低くても、その分譲渡オーナーは背負っていた連帯保証が解除されるので、得る価値は同じなのです。

評価したところ、株価は６０００万円から７０００万円程度にはなりそうでした。

譲渡先は比較的早く見つかりました。他県に本社を構えている大手運送会社です。この会社は、医療用精密機械の運送や倉庫業など多岐にわたる事業を行っていました。

図表3－3　レバレッジ戦略経営

POINT これからの時代、何も手を打たなければ市場縮小とともに業績悪化の恐れ
今、中小企業においても経営戦略の一つとしてM&Aが選ばれるようになっている

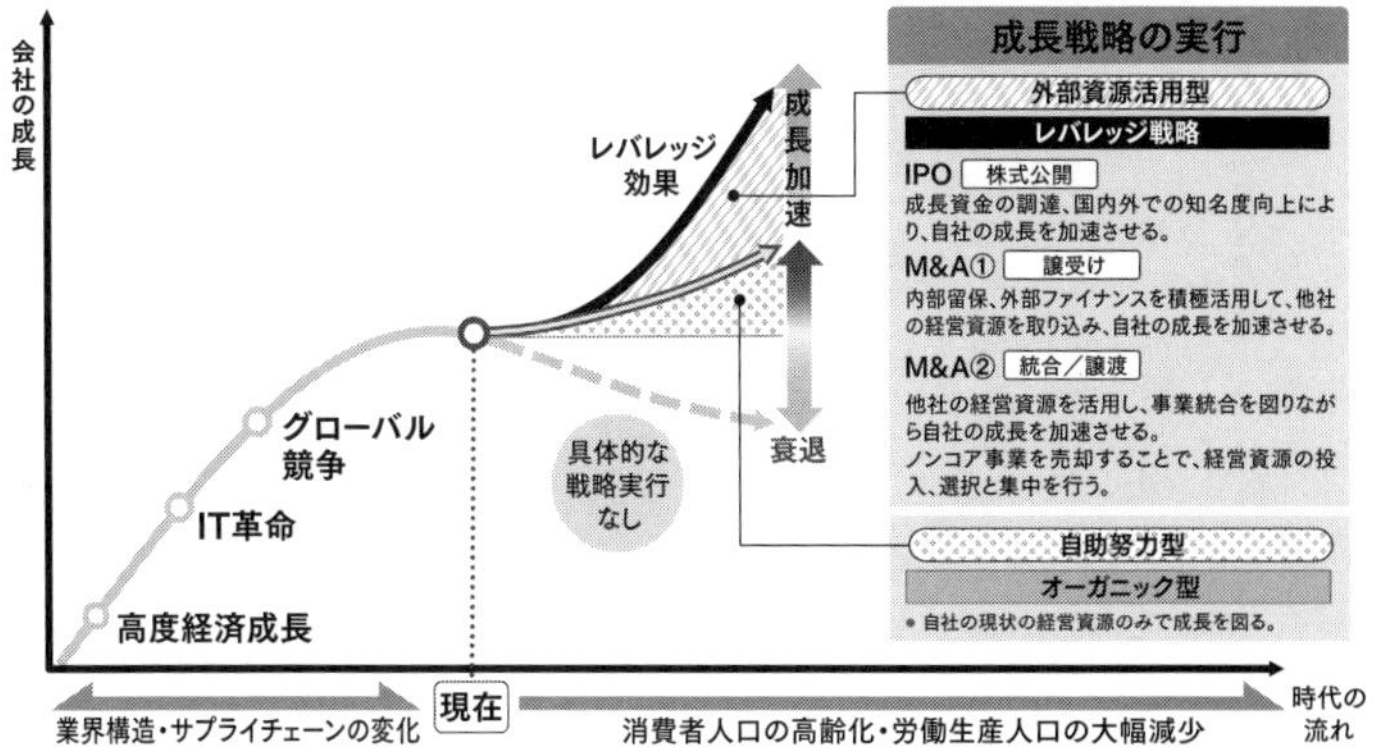

メインの事業が運送業の会社なのに、どうしてD社を譲り受けたのかということですが、D社が医療用光学機器の部品を扱っていたからです。譲受け企業としては、医療機器メーカーと取引を行っていくうえで、同業界向けの部品加工も可能だという点を強みにしたいという狙いがあり、このM&Aが成立しました。D社としても親会社の財務基盤をバックに今後も積極投資ができるようになり、また外国人技能実習生を新たな労働力として迎え入れるために寮も完備できるようになりました。近年は、D社のような異業種同士のM&Aは、市場が衰退・縮小している会社を再び拡大成長路線に乗せることもできる「レバレッジ戦略」（図表3－3）として注目されています。

D社では、まだ社長も部長も継続して任にあ

たっています。譲受け企業側の社長も合意し、ゆくゆくは部長が取締役となる予定です。

POINT
後継者に引き継ぐためのM&Aも存在する。また、負債の大小だけでM&Aができるかどうかを判断するのは早計。

STORY 5

〈中部・運送業E社の場合〉

株式整理の難題を乗り越え、トップの強い意向から早めにM&Aを推進

◆子供には同じ苦労をさせたくない。では会社をどうするか？

E社社長は57歳。まだしばらくは経営に携われるものの、そろそろ事業承継を真剣に考えなくてはならない年齢に差し掛かってきました。

この会社は、E社社長の奥様の父親が創業者です。つまり、E社社長は娘婿として家業を継いだ形になります。2代目社長から引き継ぎ、社長になって12年目の3代目社長です。

E社は、主に工業用製品を中心に一般貨物の長距離輸送を営んでいます。運送業界は物流二法が１９９０年に施行されてから参入障壁が低くなったことにより、現在国内に６万３０００社（者）ほどの事業者がおり過当競争となっている業界です。また、慢性的なドライバー不足と高齢化に加え、働き方改革を進めようとする行政の締め付けが厳しくなっている業界でもあります。燃料油脂費は為替の影響をダイレクトに受けますので、外的環境に左右されやすく経営にとっては今は厳しい環境です。Ｅ社社長としては、こうした業界の先行き不安があったことに加え、ほかの企業と同様に、後継者をどうするかという問題を抱えていました。

Ｅ社社長には子供が一人いるのですが、優秀らしく、東京で大手商社に勤務しているとのこと。将来的には地元に戻りたい気持ちは持っているそうです。

ただ、戻ってきたとしても会社を引き継ぐ気はなく、自分で起業することを決めています。またＥ社社長自身も、子供に引き継がせるつもりはないということでした。理由は、自身が社長を引き継いだときに財務内容が非常に悪くなっており、その立て直しに相当苦労したからのようです。同じ苦労を自分の子供にはさせたくないという親心なのでしょう。

したがって事業承継をするにしても、親族内承継は最初からなし。では従業員承継はどうかということでしたが、これも株式を全額引き継げる従業員が一人もいなかったので、最初からＥ社社長としてはＭ＆Ａありきでした。

◆課題は株式の整理

その意味では、非常に話は早かったのですが、M&Aを進めるにあたっていくつか問題点があったのは事実です。

第一に株主の問題です。E社社長が保有していた株式は15%。その奥様が10%を持っているのですが、二人の持ち株を合わせても25%にしかなりません。M&Aの話を進める場合、最低でも50%の株主のご理解をいただく必要があります。ほかの株主は、創業者35%、創業者の奥様が25%、創業者の弟が5%、創業者の娘でE社社長の奥様の妹が10%でした。そのため、E社社長がお相手探しをスタートさせるには、創業者夫妻の承諾を得る必要があります。

ただ、そこでもう一つの問題となったのは、創業者の奥様が軽度の認知症を発症していたことでした。

これが実は結構大きな問題になることがあります。「株式を譲ると言った覚えはない」などと、後になって言われる可能性もあるからです。それに、株主が複数人に分かれると、議決権の都合上、ガバナンスの点でも好ましくありません。認知症が重度になってくると法的に意思能力、行為能力、権利能力などの関係から成年後見人をつける必要が出てきたりもします。したがって、軽度なうちに一刻も早くE社社長に株式を集める必要がありました。

E社社長がM&Aに関して特に興味を示したのは、第一に会社が抱えている負債の個人保証を解除できること、第二に相続税評価額とM&Aの株式評価額は全くの別物だということでした（次ページ図表3-4）。

特に後者については、経営者でも知らない方がほとんどです。相続税を支払うにあたって、保有株式を税理士に評価してもらったときの相続税評価額と、M&Aを行うにあたっての評価額は全くの別ものです。基本的には、M&Aで会社を譲渡する際の株式評価額のほうが、段違いで高くなるのが普通です。確実とは言いませんが、M&Aの株式評価額は、相続税評価額の2～5倍程度にはなります。

また、これはあまり本質的な問題ではありませんでしたが、E社はほかに飲食店を1店舗経営するグループ会社を持っていました。E社とはビジネスで相乗効果が狙えるものでもなく、E社社長からは「2社とも同時に譲渡したほうがよいのだろうか」という質問をいただきました。それに対する回答としては、「全く違うビジネスなので同じ会社に譲渡するのは難しいかもしれません。グループ内での取引関係はないようなので、グループ会社とはいえ、それぞれにお相手を探したほうが可能性は高いと思います。ただ、社長に何か特別な思い入れがあってまとめて譲渡したいということであれば、まずはその前提でお

図表3-4　相続税評価とM&Aの株式評価の違い

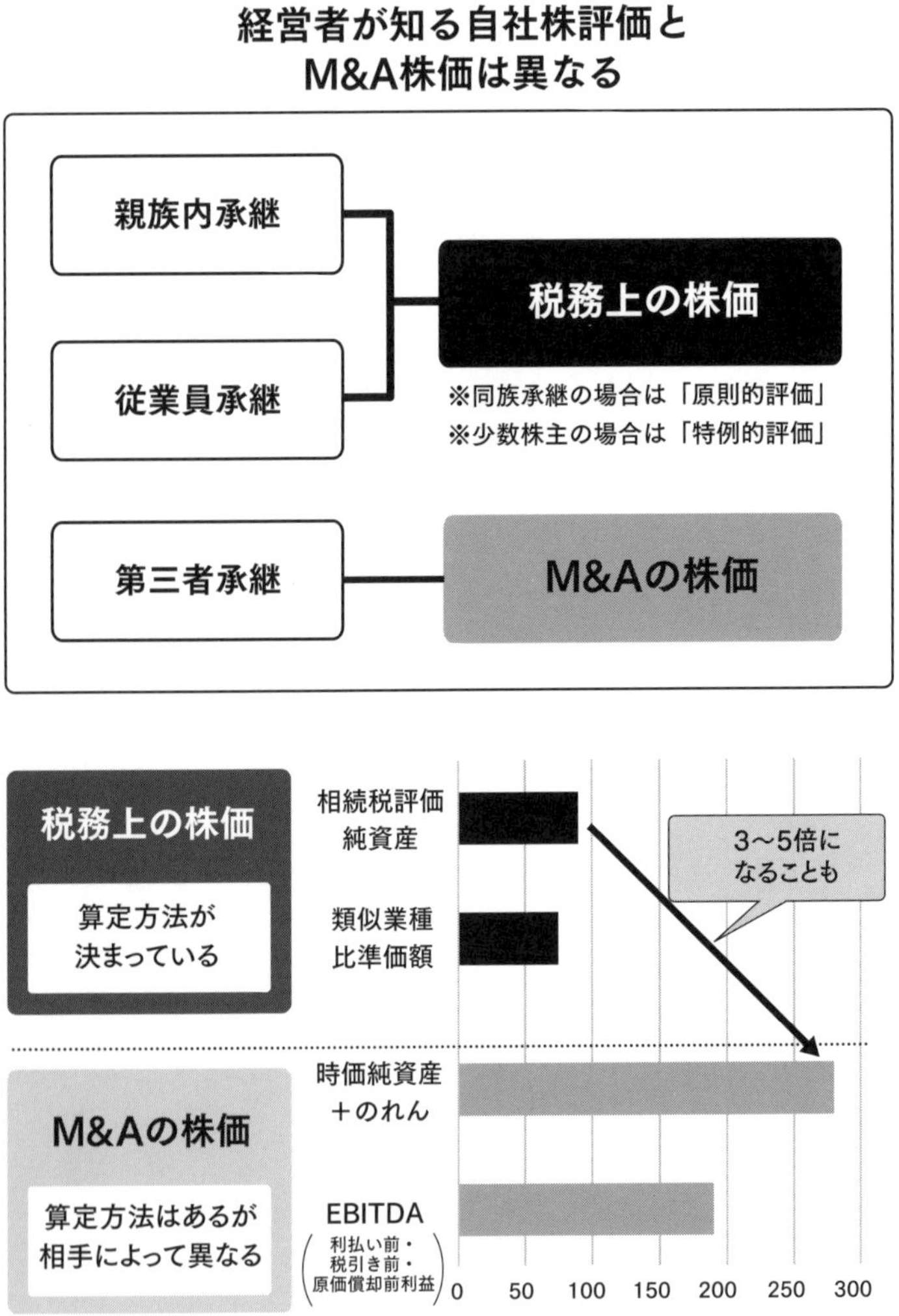

相手探しをしてみて、マーケットの反応を見るのがよいのではないでしょうか。お相手企業の戦略やお考えもありますので」とアドバイスしました（結局、両社ともまとめて同一の会社に譲渡できたので、良い結果だったと思います）。

ここまでが初回面談での話です。E社社長からは、「こういった話を相談できる人が周りにいないのでとてもありがたい。金融機関には話したくないし、顧問税理士もこの手の話は詳しくなくて。助かりました」と、感謝のお言葉をいただきました。

◆台風の影響を受ける前から話を進め危機回避

2回目は、初回面談の4カ月後でした。開口一番、E社社長からはM＆Aの話を進めてほしいと言われました。この時点で、創業者である義理の父親には何も話してはいなかったものの、E社をここまで立て直してきたのは、実質的にはE社社長自身なので、特に反対はしないだろうということでした。株式についても、創業者の奥様が持っていた25％と義妹の10％を自分の妻に移管させることが決まっており、これで社長夫妻の持ち株比率が60％になりますから、M＆Aの話を進められるようになりました。

この案件は、E社社長の素早い決断で話をどんどん進められたので、それが奏功した面がありました。

というのも、この年に台風が大きな被害をもたらし、Ｅ社倉庫が浸水しその影響を受けてしまったのです。

ただ、その時点ではすでに譲受け希望企業がおおよそ決まっていましたので、損害についてもしっかり説明したうえで無事に話を進めることができました。先々、何が起こるかわかりません。だからこそ、少しでも早くＭ＆Ａの話を進めることが肝心なのです。

ちなみにＥ社を譲り受けたのは、他県にある大手運送会社でした。３ＰＬに強みを持ち、東名阪に拠点をいくつも構えていますが、中部エリアには拠点がなく帰り荷がない状況でした。全国に子会社を持っていて、連結での年商が80億円くらいになる中堅企業です。Ｅ社をグループに迎え入れたことで、新たな商圏の獲得および物流効率化を図るといった事業戦略の下でのＭ＆Ａでした。Ｅ社にとっては、スケールメリットを活かして軽油の仕入れが安価になったことと、親会社のサポートにより長尺物、重量物の輸送に取り組むことができるようになりました。それが他社との差別化につながり利益率が向上したのはご想像できるでしょう。

POINT

50代なら、すぐに事業承継問題に直面する。将来に向けて、株主間の保有株比率を整理しておきたい。また、相続税評価額とＭ＆Ａの株式評価額では数倍違うことが多い。

STORY 6

〈東北・葬儀業F社の場合〉

事業承継問題に悩み、お相手探しをする過程で拓けた意外すぎる〝活路〟

◆子供は承継の意思なし。複数の会社に譲渡を持ち掛けるも不発に終わり……

この案件は、鮮明に私の記憶に残っています。なぜなら、最終的にM&Aをせずに終わったからです。

F社は、全日本葬祭業協同組合連合会に属する葬儀業です。従業員はベテランが多く高齢化が進んでおりましたが、業績は頭打ちではあったものの利益は毎期しっかり計上されていました。

ただ、社長は業界の先行きに不安を抱えていました。葬儀業界はこの先高齢者増加により死亡者数は増えるものの、異業種も含め競合の参入が加速している業界です。半径3㎞が商圏といわれており、大手が陣取り合戦のように進出してきています。また昔のような大きな葬儀はコロナ禍の影響もあり減少し、家族葬や一日葬、直葬が増え単価下落が止まりません。さらに突発的な仕事や夜勤対応があるので不人気業種でもあり、人の採用も困難です。経営者としても、旅行も飲み会も行けないという大変な仕事なのです。

現社長は創業者で、業歴30年の企業です。Ｆ社は、社長が株式の4分の3を持ち、残りの4分の1を社長の母親が持っている典型的なオーナー企業です。

社長の年齢がこの時点で65歳でしたから、あと数年もすれば、事業承継問題が浮上してきます。

「私もこの年齢ですから、あと5年で引退したい」というのが、社長の心づもりでした。

従業員が株式を買い取るのは金額的に厳しく、従業員承継はできませんし、任せられる人材もいませんでした。

また、社長にはお嬢様がおり社内で経理をしていたものの、会社を引き継ぐ意思はありません。従業員承継も親族内承継もできない状況だったので、いずれにしてもＭ＆Ａによる第三者承継しか道がないことは、社長自身もわかっていました。

実際、別のＭ＆Ａ仲介会社の紹介で、譲受け候補企業とトップ面談まではしていました。しかし、実現には至らずじまいです。

社長の知り合いが経営する県内の同業他社との提携話もあったようです。しかしその会社はＦ社よりも小さかったため、「御社よりも資力のない企業へ譲渡するのは、失敗に終わる可能性が高いのでお勧めできません。目的は知り合いに引き受けてもらうことではないですよね？　しっかりとした会社に会社と従業員を引き受けてもらい、引き続き会社を安定的に成長させていくことではないでしょうか」と、私から申し上げたところ、社長も静かにうなずかれました。

◆同業他社との提携話が消え、本格的にM&Aを検討

それから1年後に再訪したところ、社長から、新たに県内の同業他社から提携の話が提案されているという話を聞きます。

その時点では、業務提携なのか資本提携なのかわからず、また相手が売上5億円の企業ということだったので、仮に資本提携をしたとしても、成功の見込みはあまりなさそうに思えました。譲受け企業は、譲渡企業に比べてはるかに大きな規模の会社でないと、シナジー効果が生まれにくいのです。

実際、それからさらに半年後に再訪しましたが、やはり売上5億円の会社との提携話は進んでおらず、ほぼ立ち消えとなっていました。私は見かねて、F社社長にお話ししました。

「社長自身、M&Aしかないし、それがベストな方法だとお気づきであると思うのですが……。それでも踏み出せないのは、言葉にできない何かがあると思うのです。多分それは〝不安〟です。ただ、誰しも不安はあります。初めてのことですから。一生に何回も会社を譲渡する人なんていないですから当然です。M&Aが終わっても、しばらく不安な

くらいです。事業承継は、経営者である以上必ず訪れますので、そのときになって焦ってするのではなく、じっくり検討するために早くから準備を進めたほうがよいと思います。どうせ悩むのなら漠然と悩むのではなく、選択肢をテーブルに載せて、建設的なお悩みにしましょう」

こうお伝えしたところ、社長も首を縦に振られ、いよいよ最初の一歩を踏み出していく決意を固めました。ただ一つ、社長から「現在、業界団体の理事になっているため、準備はスタートするが、相手探しそのものは役職を降りてから、そこから本格的にM&Aを検討したい」と相談されました。

さまざまな選択肢を検討し、会社を継続させるためにはM&Aしかないという状態でしたが、やはり自分がこれまで育ててきた会社を第三者に譲渡するのは後ろ髪をひかれるものです。創業者であれば当然のことです。このとき、最初の面談を行ってから、約1年半が経過していました。判断にもいろいろな思いが去来して、時間がかかるものです。それでも、F社には粘り強く足を運びました。

私としても社長にしっかりご納得いただいたうえで進めたいので、社長が業界団体の要職を退任してからお相手探しを始めました。正確には、要職を退任して2カ月後からお相手探しを始めたのですが、あっという間に譲受け希望企業が現れました。お相手探しをスタートさせて１カ月もかかっていません。

最終的に、譲受け希望企業が２社見つかり、トップ面談を行って、そのうちの１社と相思相愛となり話を進めることになったのですが、ここで意外な大どんでん返しが起こりました。

◆Ｍ＆Ａを進めたプロセス中に後継ぎの覚悟ができた

社長のお嬢様は、Ｆ社で経理部長を担っていました。社長としては、会社をどこに譲渡するにしても、娘の雇用は確保したいという意向を強く持っていました。その彼女がなんと「私が会社を継ぎます」と、承継の意思を急に固めたのです。

業界に対する先行き不安もあったため社長も悩まれましたが、結果的にＭ＆Ａはこの時点で行わないことになりました。

なぜもともとは継がないと言っていたのに経営を引き継ぐ気になったのか。社長である父親が会社を継続させるために東奔西走し、さまざまな会社と交渉し悩む姿を見て、思うところがあったようです。

Ｍ＆Ａに関しては結局、実行しないという結論になりましたが、Ｍ＆Ａに絡んでさまざまなやりとりを続けたことが、それまで経営を継ぐ気はないと言っていたお嬢様の気持ちを動かすことになったので、検討は決して無駄ではありませんでした。そういう点で、この案件は非常に印象に残っています。社長にも非常に感謝されたのは言うまでもありませんし、M&Aを検討したからこそ出てきた結果であり、本当によかったと思います。

POINT

最終的な結論がどうであれ、「会社をどうやって引き継ぐか」を真剣に考える局面は必ず訪れる。M&Aも選択肢に入れながら、ベストな意思決定をすべき。

Ⅱ 成長戦略型のケース

STORY 7
〈北海道・工作機械製造業Ｇ社の場合〉
事業をより成長させるために、会社譲渡後も社長として采配を振るう

◆従業員承継か、Ｍ＆Ａか

Ｇ社は、ここ数年で売上、利益ともに大きく伸びており、その年の売上に至っては過去最高を叩き出している会社です。事業内容は、主に半導体関係・通信関係で使われるレーザー加工機の製造です。レーザー加工機とは、レーザーを使用して溶接・切断・マーキングを行う機械です。レーザー加工は、高速高精度かつ高効率省資源な加工が行えるうえに高速制御可能なため、ロボットやＩｏＴと親和性が高く、宇宙、医療、ロボット、航空、ＡＩ分野などの活用から内需外需ともに伸長している業界です。

面談した当時の売上高は7億円でしたが、社長としては会社を成長軌道に乗せて、10億円に乗せたいと考えていました。

当時の社長の年齢は42歳でしたから、事業承継について真剣に考えるのはまだ先の話です。Ｇ社は社長の祖父が立ち上げ、その後を継いだ父親から、30歳のときに経営を引き継ぎ、現在に至ります。引き継いだ当初、財務内容が非常に悪く、苦労したようですが、それを見事に立て直した、なかなか凄腕の経営者です。

ご本人が考えているプランは、55歳までには会長になり、今の製造部長を社長に据えることです。祖父から代々、一族の中で社長を引き継いで経営してきた会社ですから、順当にいけば社長の子供が引き継ぐことも考えられますが、当時、社長の一人息子はまだ幼稚園児でした。

自分が経営を引き継いだのと同じ年齢で引き継いだとしたら、社長は70歳近くまで頑張らなければなりませんし、そのとき本人が継いでくれるかどうかもわかりませんから、親族内承継ではなく従業員承継も視野に入れる必要があります。

それに、社長自身としては、自分が経営者になったとき、財務の立て直しで苦労をしたため、同じ苦労を子供にさせたくないという気持ちも、かなり強かったようです。

そう考えると、従業員承継かＭ＆Ａのいずれかを検討する必要があります。Ｇ社社長の場合、製造部長が優秀な人材だったということもあり、時機を見て社長の座を、この製造部長に譲ろうと考えていました。

◆成長シナリオを描くための決断

ただ、そこで問題になるのが、社長の持っている株式を、製造部長が全額買い取れるのかということでした。

前述したように、G社は売上が過去最高を更新するほど順調に成長していましたから、非上場とはいえ株価の評価額も相当高くなります。

株式の保有者は社長が80％、その奥様が20％で、親族などに散らばってはいなかったため、話はまとまりやすかったのですが、株価を簡易評価したところ、数億円程度にはなりそうでした。

億単位もの大金をポンと出せる従業員はそうはいません。この時点で従業員承継も困難という結論になり、M＆Aを視野に入れるため話を進めることになりました。

社長がM＆Aを本気で検討するようになった理由は、もう一つあります。それは、現状だと成長シナリオが描きにくいということでした。

例えば海外に進出するにしても、自社単独では全くノウハウがないので、一から勉強し、現地調査を行い、現地のパートナー企業を探したうえで従業員を雇い、現地雇用の従業員に対し教育する必要があります。それにはかなりの資金と時間と労力を費やさなければなりません。そうしているうちに、競合に先を越されてしまう恐れもあります。

つまりＧ社のＭ＆Ａのポイントは、まだ社長自身の年齢は若いけれども、できれば55歳くらいまでには社長の座を誰かに譲り、いずれ必ずくる財産承継のために保有している株式を現金化したいと考えていること。子供がまだ幼いため、将来4代目を引き継ぐかどうかわからないこと。そして何よりも会社の成長を考えた場合、自社単独での成長シナリオが描きにくく、より経営規模の大きな会社と一緒になったほうがよいと考えられることでした。

この3点を総合的に勘案した結果、Ｍ＆Ａがベストという結論に達したのです。しかしその途上、Ｇ社社長は「役員にも相談しましたが、Ｍ＆Ａには可もなく不可もなく、という感じで、よくわからない反応ですね……」と、一時は煮え切らない様子だったこともあります。

そこで私は、次のように切り出しました。

「これまで数カ月にわたり何度もこうしてお時間をいただいてきましたが、社長が会社の将来について、どうすればもっと成長させられるかを真剣に考えていらっしゃることが、ひしひしと伝わってきます。社長ご自身は私と何度もディスカッションを重ねてＭ＆Ａがどういうものかをすでに理解されていらっしゃるので、Ｍ＆Ａが事業承継の側面においても成長戦略の側面においても有用であることがわかっていらっしゃるのですが、Ｍ＆Ａについて今まで全く触れることのなかった役員の皆様からすると、警戒や不安が先立ちますよね。そのような反応になるのも当然です」

G社社長自身はいろいろな選択肢を吟味し、面談の過程でM&Aについての疑問や心配を私にぶつけてくれていました。それに私が回答を差し上げ、頭がクリアになっているはずなのです。しかし、経営について社長とは当事者意識の差がある役員にいきなり話を持ち掛けても、はっきりした答えが出ないのは当たり前。それでは後戻りしてしまいます。

私は重ねて問いかけました。

「そもそも社長が本件を検討している一番の理由は、会社の成長の機会を模索することですよね？　何も後ろめたいことはないはずです。社長ご自身が、一歩踏み出すかどうか、成長機会を模索するかどうか決めるべきだと思います。当然、最終結論までには役員のご理解も必要です。そのうえで、社長ご自身は、どうされたいのですか？」

その結果、一歩踏み出す決意が固まった——という流れです。役員や従業員が不安に思うのは、十分な情報の裏付けがない場合が多いもの。その意味で検討に検討を重ねたうえでのトップの決断は、一番正解の可能性が高いと私は考えます。

◆海外戦略とクロスセル効果が期待できる組み合わせが成立

G社社長がお相手探しのスタートを決断し、提携仲介契約の書類に捺印されてから、お相手の企業が見つかるまでにはそれほど時間を要しませんでした。

譲受け企業になったのは、年商約200億円のエンジニアリング商社です。精密機械の輸出業がメインでしたが、最近では開発・製造機能を強化するために、積極的に他社との提携を模索しているところでした。

加えて、譲受け企業は北海道に拠点を持っていなかったため、G社と資本関係を結べば、G社の本社を営業拠点にでき、かつ既存仕入先である海外メーカーの製品や部品を取り扱うことによるクロスセルの効果が期待できること、さらに譲受け企業が持っている海外拠点を活用することによって、G社の受注拡大やバリューチェーンの強化、付加価値向上が期待できる点も魅力でした。このM&Aによって、G社も譲受け企業の経営基盤を活用して、新たなビジネス獲得の機会が期待できます。お互いにとっての好条件が揃い、理想的なパートナーシップを築くことができた案件でした。

G社社長は今も社長として経営に携わっています。余談ですが、譲受け企業の社長も相当な苦労人で、叩き上げの方でした。G社社長はそういった相手企業社長の人柄などにも惹かれ、信頼を置かれたそうです。

POINT

Ｍ＆Ａは事業承継においても成長戦略においても有効。誰に継がせるかという問題も、会社が維持・成長できる前提に立って判断すべき。

STORY 8

〈近畿・広告制作業Ｈ社の場合〉

迷った末に第三者承継を決断、首都圏の上場企業との合意に至る

◆Ｍ＆Ａは劣後策ではなく、広告制作業界にとってはむしろ常識

日本でＭ＆Ａの仲介業務を専業で行っている会社は、日本Ｍ＆Ａセンター以外にもたくさんあります。株式を上場しているところだけでも、当社を入れて6社です。そこで、譲渡希望企業の経営者が複数のＭ＆Ａ仲介会社を比較検討した結果、最終的に当社にお任せいただいたというケースを紹介します。

Ｈ社と初回面談を行ったのは、２０２１年11月のことです。創業者であるＨ社社長にはご子息が一人おりましたが、外資系不動産会社にすでに勤めており、継ぐことはありませ

んでした。

社長としては従業員承継を希望されていましたが、後継者となる従業員が株式を引き受けられるのか、という問題があります。「あと数年で借金を返済し終えるから、後継者に借金を背負わせずに済む。だから従業員承継を積極的に検討したい」ということでしたが、借金がなくなるとそれに比例して株式の評価額が上がるので、今度は株式を全部買い取るだけの資力があるのかという点が問われてきます。

したがって、従業員承継だけでなく、Ｍ＆Ａによる第三者承継も並行して検討したほうがよいとアドバイスさせていただきました。

「Ｍ＆Ａは、親族内承継や従業員承継ができない場合にやむなく選択する劣後策ではありません。継がせることが目的ではなく、事業承継は会社が継続して維持・成長していく途中で訪れる一つのイベントにすぎず、大事なのは会社が成長し続けることでしょう。従業員さんに継がせたはいいけれど会社が傾いた、では困ってしまうのです。とはいえＭ＆Ａがベストです、と言うつもりも全くありません。あくまでもほかの策と同時並行で検討し、会社にとって、あるいは従業員さんにとってどれがベストな方法かを選ぶために、選択肢を可視化しておきましょう」

実は広告制作業はＭ＆Ａが頻繁に行われる業界です。それには理由があります。

一つは、産業構造の変化の問題です。かつて広告の企画制作は、依頼を受けた広告代理店が自社で行っていました。現在でも企画制作部門を有している広告代理店は多いものの、昨今ではＩＴ化の進展により求められる広告物が年々高度化し専門化してきていることから、制作を外注する傾向が多くなっています。インターネットや動画媒体は伸びている一方で、ＤＭやＰＯＰなどの紙媒体は緩やかな衰退傾向にあり、成長分野の広告を手掛けているかどうかで明暗が分かれる時代です。インターネットもディスプレイ広告やＳＮＳ、ネイティブ広告などさまざまな分野に分かれます。Ｈ社はＤＭと動画広告を主体にしていて財務は良好でした。

二つ目は、中小企業特有の問題です。下請けでは忙しいばかりで利益を十分に確保するのが難しいので、多くの場合企画部門を充実させようとしますが、企画力には、アイデア力はもちろん、何をどこに外注すればいいのかというコーディネート力と経験値が重要です。ところが、広告制作業界は勤務時間が長く不規則なわりに給料が安いことや、経験値が上がってくるとキャリアアップのために転職・独立をしてしまうケースが多いのです。実際Ｈ社社長もそうして独立した一人です。また、経営者自らが現場で実務をこなしていることも多く、仕事量が増えてくると質の高いスタッフや外注先の確保が困難になってしまうのです。Ｈ社もまさに同じような経営課題を抱えていました。

◆成約実績という「事実」に着目すべき

さて、Ｈ社については、２回目の面談を翌年３月に行いました。このときは「ロングリスト」といって、Ｈ社に興味を持ってくれそうな数十社のリストを持っていきました（２４１ページ図表３-５）。ただ、社長の反応は今一つ。「着手金が高い」、「まだそんなに急いでいるわけでもない」と煮え切りません。

なかなか決断に至らないときに、このように言う経営者は大勢いらっしゃいます。ところが、よくよく話を聞いてみると、どうもＨ社社長のもとには複数のＭ＆Ａ仲介会社が顔を出しているようでした。

ほかのＭ＆Ａ仲介会社は、着手金ゼロというところが結構あります。そのため、Ｈ社社長としてはできれば費用を抑えたいという気持ちが芽生えたのでしょう。

約４カ月後、３回目の面談に伺いました。この間、Ｈ社社長は自分でいろいろ動いていたようです。開口一番、「事業承継の相談を受けている一般社団法人などにも足を運んだが、全く話がかみ合わなかった」と嘆いていました。私が、「Ｍ＆Ａは経験値がモノをいう仕事なんです」と話したところ、「実は……」と社長から切り出してきました。

「ほかのＭ＆Ａ仲介会社からも担当者が来ていて話を聞いているところで……。どこかにはお願いしたいと思っているし、最終的には柴田さんの会社を含めて３社のうち、どこかに決めようかと検討しているのだけど」ということでした。

M＆Aは情報量と経験がモノを言います。当社を除いた残り2社のうち1社は、M＆A仲介会社の中でも新興企業でした。新興というと勢いがあるように思えますが、会社としての実績はホームページやIR資料などを見れば一目瞭然です。私はH社社長に問いかけました。

「いくら着手金がない、費用が安いからといって、成約実績が多くないところに、重要な会社の譲渡を依頼するのが本当に正しい判断なのでしょうか？　いくら安いからといっても、結婚指輪を通販では買わないでしょう？」

ただ、中堅・中小企業の経営者でも、M＆A仲介会社各社の実績がどうなっているのかは、ご存知ない方がほとんどです。たまたま営業担当者が訪ねてきて、「うちでM＆Aを仲介させてもらえれば、日本M＆Aセンターよりお安くできます」などと言われたら、それを信じる方もいるかもしれません。

◆全国展開を目指す上場企業への譲渡が決まる

3回目の面談のあと、ようやく「柴田さんのところにお願いしたい」とおっしゃっていただきましたが、それでも表情から察するにまだM＆Aをするのが正しい選択なのかどうかで迷っている様子でした。とはいえ、Ｈ社社長も60代です。本人は70歳には引退したいという気持ちがあるようですが、実際にＨ社を譲り受けてくれる会社があるのかどうかは、ここから探してみないと何とも言えません。

「社長の場合、ご子息が継ぐことはないということですので、現在の選択肢は従業員承継の一択だと思います。ただ、従業員承継が１００％正しいと思っていらっしゃるのであれば、すでに舵を切っていると思うのですが、それもちょっと引っかかっているところがあるから悩んでいるのではないでしょうか。○でもなく×でもなく△なんですよね。つまり現在は△である従業員承継の一択。現実には株式の買い取りの問題もある中で、これは不安だと思います。私が申し上げているのは、そこに３つ目の選択肢として第三者承継、つまりＭ＆Ａも加えておきましょうというだけの話です。しかも現在抱えている経営課題について自社だけでは解決が困難だと社長自身もご認識されていらっしゃる。残念ながらＭ＆Ａは相手がいなければ実行できませんし、従業員承継と同様、確定戦略ではなく、スタートしたら１００％成約できるものでもありません。どこまでいっても△です。しかし、トライしてみるのと、しないで漠然と時がくるのを待つのとでは、大きな差があります。何もしないままではチャンスを棒に振ることにもなりかねません。いずれにしても、アクションを起こしてみないことには、どこまでいっても机上の空論です。まずはテーブルの上に選択肢をすべて載せて、可視化しましょう」

そういう話をして、ようやくH社社長は納得してくれました。

最終的に、H社には関東に本社を置く某上場企業が譲受け先として手を挙げました。この会社はインターネットマーケティングを行っている成長企業です。自社企画力の強化、空中戦だけでなく地上戦も戦えるようなコンテンツの拡充を目指しH社を譲り受けることを決めました。これによりH社は、親会社が持つマーケティングのビッグデータから、より精緻に潜在顧客へアプローチができるようになり、またマーケティングやコンサルティングから企画・制作まで一気通貫での受注が取れるように、さらには関東と関西でクロスセルができるようになりました。H社社長としては社内の仕組み化が進み、より経営者としての時間が確保できるようになりました。

中堅・中小企業経営者のもとには、たくさんのM&A仲介会社からダイレクトメールが届いていると思います。どこに頼めばよいのか混乱してしまうケースもありますが、過去の実績などをしっかり調べてパートナーを選ぶことが肝心です。

POINT

M&Aは後継者がいないから仕方なくやる劣後策ではなく、企業戦略である。複数の選択肢の一つとして並列に検討する。また、なぜコストが安いのか、仲介会社の実績を十分に調べたうえで選定することが大きな意味を持つ。

STORY 9

〈近畿・学習塾I社の場合〉

成長戦略を考え譲受け側から一転、譲渡を決断。県外異業種とタッグを組む

◆「相手探し」をしてみることで、漠然とした将来への不安を乗り越える

中学生を対象に、近畿圏に多くの学習塾を展開するI社。オーナーは創業者で45歳、働き盛りのまだ若い社長です。

したがってこの案件は、事業承継のための会社譲渡ではありません。早いうちから大手企業との提携を図り、そのリソースを活用して、今後の成長戦略を考える必要があると判断され、会社の譲渡を検討するようになりました。

当業界は、少子化が進み対象となる子供が減る一方、進学率の高まりから需要は緩やかに増えている業界です。資本をあまり必要とせず、そもそも法的な資格や条件がないことから参入障壁も低いのです。指導方針も進学塾、補習塾、総合塾などがあり、講義方法も一斉指導型から個別指導型、ＰＣ等を活用するマルチメディア型など千差万別です。昨今では従来の知識偏重型教育を改める動きも強く、学習塾の指導も大きな変革を求められています。また、この業界の特徴として、対価を支払う保護者と、サービスを受ける児童の双方から支持される必要があるビジネスであることも忘れてはいけません。

社長ご自身は近畿の一流名門大学卒で頭の回転がものすごく速い方でした。学習塾業界では、一教室２０００万～３０００万円の売上を上げ、それを十数教室に広げ20～30億円にもっていくのがこの業界の勝ち筋なのですが、すでに多教室展開しており、はたから見ても収益力のある非常に良い会社でした。もちろん社長の年齢からいって、ご本人はまだあと20年は仕事を続けていきたいと考えておられましたが、会社の成長スピードに頭を悩ませていることがわかりました。悩みとしては、優秀な講師の獲得は年々競争激化しており、質を重視すると多店舗展開のスピードがどうしても遅れること。誰でもすぐに一線で講師ができるような仕組みづくりを目指してはいるものの、実際は個々人のレベルに依存してしまっていること。またブランド力、マーケティング力、営業力が社長のマンパワーによってしまっていること、などです。最初は和やかな雰囲気だったものの、私が他社のケースをいくつか紹介するうちに、もともと危機感があったためか、社長の顔つきがみるみる真剣な表情に変わり、やがて身を乗り出して私の話に耳を傾け始めたことを覚えています。

繰り返しますがＩ社の財務内容は決して悪くありませんし、むしろ高収益企業です。

「今はいいですが、先行きがどうなるかわからないですよね？　競合他社も施策を講じる中、教育事業を生業にする当社がガラパゴス化するわけにはいきません」

こう語る社長の言葉からは、不安を抱えている中で、いよいよ成長戦略を模索しなければ、という焦りに似た感情が感じ取れました。

成長戦略のＭ＆Ａには、二つの方法が考えられます。一つは、譲受け企業として企業規模を拡大し、経営戦略上必要なリソースを獲得して成長を目指すというものです。そしてもう一つは、他社に株式を譲渡し、譲受け企業のグループに入ってその資本力やリソースを活用して成長を目指すというものです。Ｉ社は最初、譲受け企業として他社を引き受ける前者を考えていました。

あるとき、Ｉ社社長は、取引銀行の支店長に「会社をより早く成長させるために、Ｍ＆Ａで大手と提携する道を探っていったほうがよいと思うのだけど……」と相談してみたところ、「なぜそんなことをおっしゃるのですか？　社長はお若いし、そんなことを考えるには早すぎますよ」とはぐらかされてしまったそうです。恐らく、その支店長はＭ＆Ａを事業承継の手段としか認識していなかったのでしょう。

　私は支店長よりＩ社社長のほうこそ真剣に経営を直視し、冷静に経営環境を俯瞰していると感じました。

「最近では40～50代の若い社長も、Ｍ＆Ａで譲り受けるだけでなく、大手と組むことを検討しています。ご相談を受ける中で、肌感ですが8割程度は成長戦略として大手と組むのはアリだと考えていらっしゃいます。若い社長は今後10年、20年と経営をし続けなくてはいけない。従業員とその家族も食べさせていかなければならないでしょう。今は黒字でも先行きは不透明です。今後のことを考えると、必ずしも一社単独・独立独歩だけではなく、他社と提携する道も経営戦略の手札として用意しておいたほうがいいのではないかと考えているのです。だから、よい相手とシナジーが生まれるのであれば、グループ入りもやぶさかではないという柔軟なお考えを持っておられます。売るとか買うとかいう単語がもはや古いのです。大切なのはどうやって会社を成長させていくかという観点です」とお伝えしました。

　実際問題として、Ｉ社は売上が8億円弱の会社で、他社を譲り受けるのは難航しそうであること、仮に譲渡企業が現れて譲受けが成功したとしても、そこから成長軌道に乗せるためには、かなり長い時間がかかる恐れがあったため、株式を引き受けてくれる先を探す、つまり逆に譲渡したほうが、社長の目指す成長スピードにも合致するのではないかと考え、そうアドバイスしました。

◆同業他社の事例から納得度を高める

Ｉ社は中学生向けの個別進学塾でしたが、今後の教育業界の方針を考えると進学塾以外の教育事業も手掛けていきたいと考えておられました。ただ、ＷＥＢ活用やコーチングも取り入れてはみたもののなかなか苦戦をしていました。

Ｍ＆Ａを進めるにあたって、社長の懸念材料は二つありました。一つは「同業会社のＭ＆Ａは行われたことがあまりないため、自社が業界の先陣を切ってＭ＆Ａを行うことに対して、漠然とした恐怖心がある」ということ。そしてもう一つは、社外で10%だけ株式を持っている弟が、会社の譲渡に難色を示すだろうということです。

Ｉ社社長が抱いていたこれらの懸念については十分に払拭できると感じ、私はこう助言しました。

「弟様のご意見も大事ですが、今後、経営を担っていくのは社長です。社長ご自身が必要だと思うのであれば、まずはお相手探しを進めるべきではないでしょうか。また、M&Aを実行するにあたっては、弟様など関係者の理解が不可欠ですが、大事なのは情報を開示するタイミングです。相手の姿や条件、想定されるシナジー、人となり、社風が具体的に見えてこなければ、M&Aに理解を求めるのは難しいでしょう。むしろ不安が先に立ってまとまる話も頓挫してしまいかねません。まずは、どんな企業が候補になりそうか、イメージを見てみませんか？」

あえて私が「イメージ」という言葉を使ったのは、まだM&Aの可能性を探る段階にすぎず、M&Aを最終的に確定させる状況ではなかったからです。

私は、当社が30年以上かけて蓄えてきたビッグデータから、条件に合いそうな候補企業を数十社ほど一覧にした「ロングリスト」（241ページ図表3-5）をお見せすることにしました。自分の会社が先陣を切ってM&Aに踏み切ることへの漠然とした不安感も、あるいは弟が反対するかどうかも、まずは譲受け企業が現れて、譲受け企業の社長から想定されるシナジー効果、将来のビジョンなどを聞いてみなければわからないからです。

それに、実は学習塾を経営する会社のM&Aはいくつも事例があります。中小企業のM&Aは公表されないことが多いため、私たちが持っている全国のM&A実績をお伝えして、安心していただきました。I社社長からお相手探しの依頼を正式に承ったのは、ファーストコンタクトを取った日から数えて6カ月後のことです。社長の不安を払拭させるべく何度も訪問したことが強く記憶に残っています。

◆M&Aの効果を熟知する譲受け企業が名乗りを上げる

そこから譲受け企業探しがスタートして、最終的には近隣県に本社を置き西日本全域を商圏とする大手総合教育関連企業が、譲受け企業として浮上してきました。

この会社は、私たちが過去にもＭ＆Ａを仲介したことがあり、すでにＭ＆Ａの効果については熟知されています。そこでＩ社の話をしたところ、自社とのシナジーはもちろんのこと、以前に譲り受けたグループ会社とのシナジーも発揮できることから、興味を示されたのです。

トップ面談では、大手資本ならではのリソースを活用すれば、優秀な講師の採用や講師の実力に頼らない仕組み化、ＷＥＢ活用のノウハウなどが早期に期待できることが確認されました。加えて、譲受け企業は小学校高学年向け学習塾を展開しており、両社が一緒になることにより、小学生から中学生まで一貫して生徒を獲得できることからＬＴＶ（Life Time Value：顧客生涯価値）の向上が図れます。また譲渡企業は合格実績もしっかりしていたので、それに譲受け企業のＷＥＢマーケティング力や資本力を合わせることにより、多教室展開を推進することができるようになります。さらに譲受け会社のグループには教材開発会社もあり、現場の声を反映した独自の教材も開発できそうです。

Ｉ社は現状、県内で展開しているのですが、残念ながらこの県でも少子化に歯止めがかからない現状です。現状にとどまっている限り、かろうじて教室数を増やしてもマーケットは縮小の一途をたどっていきますから、Ｉ社の成長も期待できなくなります。だからこそ商圏を縦にも横にも広げ、より大きい規模でビジネス展開をしている相手企業とのシナジー効果は、Ｉ社にも非常にメリットがありました。

こうしたＭ＆Ａで得られるメリットを丁寧に説明することで、案の定Ｉ社社長の弟からの反対もありませんでした。

そして、当社と提携仲介契約を結んだ時点から数えて1年半後、正式にＭ＆Ａが成立したのです。

POINT

「譲り受ける」だけでなく、「譲渡する」ことも検討することで、シェアの拡大、他県への進出、課題解決が実現。予想外のシナジー効果を得ることもできる。ただし、関係者への情報開示は、お相手の顔が見えてから。

STORY 10

〈関東・化粧品製造業J社の場合〉

ファンドへ仲間入りし成長へのシナリオを一気に駆け上がる

◆独自技術は強みだが、営業力不足がネック

これはファンドとM&Aをした例です。創業約50年、3代目にあたる社長は30代前半の女性で、売上が5億円前後の小さな会社です。

社長の父は創業者の長男で2代目を継いでいたものの、若くして亡くなってしまい、一人娘の社長が急遽後を継ぎました。相続の際に自社株を整理していたため、J社株式は現社長が１００％保有しています。この会社は、化粧水・乳液・クリームなど薬用スキンケア製品を中心に医薬部外品を製造しています。

化粧品業界は訪日外国人のインバウンド需要と、アウトバウンド需要で急拡大している市場で、生産規模は一兆円に迫っています。いずれも日本の化粧品の品質の高さによるものですが、大手はアジア新興国での化粧品需要拡大を見越して海外への生産拠点移転を本格化させています。国内でも、働く女性が増加したことで、化粧水、乳液、美容液を一つにまとめ短時間でスキンケアできる化粧品の需要も高まりを見せています。また、超高齢

社会の到来によりアンチエイジングが時代のキーワードになっており、皮膚用基礎化粧品分野で活発な製品開発が行われています。

Ｊ社の強みは、長年の開発努力による確かな品質と独自開発した特許技術です。加えて、近年、新たに開発したサプリメント商品が好評で、あるときＳＮＳで話題になったことがきっかけとなり、売上が伸びてきました。創業時から主力としてきた看板商品のブランド力も、強みの一つです。

社長は口ぶりが穏やかですが、話していくうちに「うちは品質、開発力に自信があります」と語り、仕事に対する厳しさと芯の強さもおありだと感じました。知名度が上がれば、かなり大きなマーケットを獲得できるのではないか、と私は感じました。

「御社が持っている独自の特許技術と製品力を考えると、失礼ながら社長一人に負担がかかる営業体制ではもったいないと思います。販路やネットワークを持っているお相手と組むことでもっと成長していけるはずです」

Ｊ社社長はＭ＆Ａに対して前向きでした。５億円前後で推移している売上を、30億円規模にまで成長させたいと希望しており、それを実現するためにはＭ＆Ａによる成長が必要だと考えていたのです。会社を成長させるためには営業力の強化、製造キャパシティの拡大も欠かせないため、自社単独での成長戦略を描くより、相乗効果の高い企業との資本業務提携を模索することにしたのです。

Ｊ社社長は当初は自分が譲受け側になって、譲渡を希望している企業を探そうとしていました。

しかし、売上の規模から考えれば、Ｊ社が譲受け企業となってほかの会社と一緒になり、シナジーを生むのは、いささか困難だろうと思われました。より大きな資本を持った会社に株を持ってもらったほうが、親会社が持っているリソースを活用して、Ｊ社がさらに成長できるのではないかと考え、私はそう提案したのです。

Ｊ社社長は私の意図をすぐに受け入れ、最初の面談のなんと1週間後には提携仲介契約の書類に印鑑を押されました。

◆M&Aに抱く誤解と恐れを解く

ただ一つ、Ｊ社社長自身がＭ＆Ａについて、誤解しているところもありました。それは資本業務提携を行った後、譲受け企業のリソースを活用してＪ社が順調に利益を出していったとき、利益を親会社への配当という形で吸い上げられるのではないか、ということでした。「もし、それで給料が下がるようなことになれば、従業員が会社から離れてしまうのでは……」という懸念を感じていたのです。

確かに、どれだけ利益を上げられたとしても、その多くを親会社に配当金という形で上納するとしたら、Ｊ社の従業員の給料は増えず、次の成長を実現させるための投資もできなくなります。しかし、それは親会社にとっても非合理的な方法です。私は「配当目的でＭ＆Ａをする企業はありません。そもそも、配当が目当てであれば、わざわざ不確実性のある未上場企業の株に投資する必要はなく、上場企業の株に投資をしたほうがはるかに合理的で確実です。譲受け企業があえて未上場株に投資するのは、あくまでお互いが成長でき、実業で相乗効果があると認めたからです」とお伝えしました。Ｍ＆Ａで「親子の関係」になる以上、文字通り一心同体、運命共同体なのですから、親会社が配当を吸い上げる必要はありません。子の幸せは親の幸せなのです。

◆ファンドからの投資が実現、成長の足掛かりをつかむ

そういう話をしてＪ社社長のＭ＆Ａに対する誤解を解きつつ、実はこのとき、すでに私は頭の中で、Ｊ社のよさを引き出すためにはファンドがよいのではないか？　と思っていました。残念ながらファンドを正しく理解していないばかりによいイメージを持っていない経営者は多いのですが、ファンドほど企業成長にとって心強いパートナーはいないと私ははっきり断言できます。ファンドは、出資先企業の成長に向けて経営戦略、マーケティ

ング、オペレーション、経営管理支援、財務、暗黙知の可視化、外部エキスパートの派遣など、書き出せばきりがないのですが、とにかくありとあらゆるサポートをしてくれます。彼らは文字通り経営のプロ集団なのです。もう一つ、ファンドと組む利点は対象会社に他の企業の色がつかないことです。あなたの方針を優先し、あなたのために戦略立案をしてくれ、あなたの成長のみにフォーカスしています。日本は欧米と比べてＰＥファンド（プライベート・エクイティ・ファンド：非上場会社の株式に投資するファンド）の市場が30年遅れていますが、欧米ではファンドは完全に社会インフラになっています。また、日本でも会社名を聞いたら皆さんが驚くような企業にすでにファンドが多数出資しています。

Ｊ社社長にもファンドについて説明をし、ＰＥファンドＷ社を提案しました。Ｗ社は主にライフサイエンスやヘルスケア領域に多数出資をし成長させているファンドです。50社超の会社へ投資をしており、それぞれの会社の強みを活かしてシナジー効果を生み出すという戦略を取っています。まさに、Ｊ社としてはうってつけのお相手とも言えるでしょう。

話はスムーズに進み、両社の間で資本業務提携が結ばれました。Ｍ＆Ａ後、今まで開拓できていなかったアウトバウンド需要取り込みのため、海外への販売経路をファンドが紹介してくれました。インターネット需要や業務用販売先も増えました。それに伴い製造キャパシティを広げるために工場が新設され、安定的に開発力を高めるため優秀な人材の採用を強化しました。また、今まで社長一人きりですべてをこなしていた管理部門については、外部から管理部長を派遣してもらいました。J社社長は今まで以上に前向きな仕事ができると、最近では海外も飛び回っています。

ところで、J社の資本業務提携は、オーソドックスな100%株式譲渡という方法ではなく、80%譲渡というスキームで行いました。こういうスキームを取ったのは、あえてJ社社長に株式を持ち続けてもらうことで、モチベーションを維持し、一緒に成長を加速してほしいというW社の思いがあったからです。20%についても、いずれは買い取るものの、それまでに会社を成長させてより高い株価で買い取るので、一緒に頑張っていきましょうということです。

POINT

たとえ会社を譲渡しても、親会社に利益を吸い上げられるようなことは起きない。またファンドは企業成長の強力なパートナーであることを理解しておく。

STORY 11

〈関東・人材派遣業K社の場合〉

新型コロナウイルスの影響で業績大幅ダウン、早めの決断で譲渡し生き残る

◆大手1社への過度な取引の依存が売上半減の危機を招いた

K社は製造業向けに人材派遣および請負をしている会社です。人材派遣業は、2015年に改正労働者派遣法が施行されたことにより、新たな許可基準による許可制になりました。これにより旧特定労働者派遣事業者は廃業となり、派遣労働者が同じ職場で働けるのは3年までとなりました。これは人材派遣業界にとっては逆風となります。今後は外国人人材の積極的な活用や、労働者のスキルアップのための人材教育がポイントとなる業界です。K社も、自社の将来への不安を解消し成長軌道を描くために、大手企業との資本業務提携を目指すことになりました。

現在の社長は2代目です。従業員は15名ほどで、派遣社員約200名を抱えています。売上は7億円程度で、毎期、きちんと利益を計上しています。メインの取引先が大手食品メーカーX社で、その工場の近くにK社の本社兼研修所、社宅があります。X社製品の工場製造ラインへの派遣、および倉庫・物流業務の請負を行っています。

大手企業であるX社と蜜月関係で、これまで安定した経営を続けてきました。現社長は、もともとは海洋関係の研究職だったのですが、両親の「戻ってきてほしい」という要望を受けて、30代後半で実家に戻り、家業を承継したということです。40代半ばで、子供が二人います。

ところが、猛威を振るった新型コロナウイルス感染拡大の影響を受けて、売上が例年に比べて50％もダウンしてしまいました。これを機に、社長はこれからのビジネス環境や会社の行く末について、いろいろ考えたそうです。

K社社長の二人の子供は未成年なので、具体的にK社を引き継ぐかどうかは何とも言えませんし、社長自身好きな仕事を辞めて現在に至るので無理に子供に継がせる気はなく、その意味では、いずれ後継者問題が浮上する可能性がありました。

また、K社にとって最大の懸念材料は、事業ポートフォリオが極端なまでにX社に偏っていたことです。X社からの売上が全体の55％、そしてその関連会社が25％ですから、合計で80％がX社関係の売上になります。

すでにコロナ禍で、X社からの仕事が50％減ったこともあり、K社社長としては、取引先を分散させなければならないと考えるようになりました。当時、半年先まで仕事は確保されていたものの、不安を抱くようになっていたのです。

また、この不安を解消する方法としては、Ｍ＆Ａを用いて大手企業との資本業務提携が必要であることも考えていました。その証拠に、私と面談をする2年前に外部コンサルタントを入れて、Ｋ社の価値向上に向けたアドバイスを受けていたそうです。

◆家族・親族の納得と理解を得る

このように、Ｋ社社長は成長戦略として明確にＭ＆Ａを意識していたのですが、決断するまでにはいくつかの課題を解決する必要がありました。

まず、前社長だった父親です。さらに奥様の承諾が必要でした。父親は報告すれば大丈夫とのことで、実際にすんなり承諾を得られました。

「父に話したら、『うちの墓だけは守ってほしい』と言われました」とのことで、事業のことは現社長に任せる、という口ぶりだったそうです。

問題は、経理を担当している奥様にどう説明するか、ということでした。この点については、着手金や成功報酬などコストは発生するものの、それ以上にＭ＆Ａを行うことによって、経済的なメリットだけでなく、会社の存続・発展が見込めることをしっかりと伝えたところ、ようやく理解を示してくれました。

ただ、すべての課題が解決したわけではなく、社長自身が、今一つ煮え切らない部分があったのです。それこそが、最後の壁となっていました。

◆「業績が回復してから」という判断先送りはすべきではない

2回目の面談では、「今、これから先がどうなるかわからない状況なので、この状況を乗り切ってから具体的に話を進めたい」とのことでした。この点については、私ははっきり、次のようにお伝えしました。

「〝どうなるかわからない〟以上、状況が悪い方向に進むこともあるわけで、むしろM＆Aを本格的に考えるべきです。保険と同じで、病気が見つかってからでは加入できません。M＆Aは会社の状況が悪くなると相手が見つからなくなる可能性があり、調子がよいときに準備を進めておくことが大事ですよ」

しかし3回目の面談でも、「話を進めたいのはやまやまだけれども、コロナ禍で業績が下がっている今よりも、もう少し回復してからのほうがよいのではないか」とK社社長は煮え切りません。このままではらちが明かない。私は、重ねてこうお伝えしました。

「社長、なぜそもそもこの話をしているのか思い出してください。全く何も悩んでいなければ、こうして私との面談のお時間もいただかなかったのではないでしょうか？　現在、会社は安定しているものの、明確な経営課題があり、それが将来的なリスクとなっているのは社長が一番お感じになっていらっしゃる。今までも手は尽くしてきたものの、現状自社だけでは根本的な解決が難しそうだからこそ、検討を始めたはずです。先延ばしにしても、問題は一向に解決しません」

加えて、近年は事業承継のためのＭ＆Ａではなく、若い経営者が成長戦略の一環として大手企業と資本業務提携を結ぶケースが増えていることも話しました。そういう経営者のほとんどは、資本業務提携を結んだ後も会社に残って、経営にあたっています。

Ｋ社社長もＭ＆Ａにより大手にグループ入りして会社の成長を目指そうと考えていたものの、まだ44歳です。実は、もう少し自分で経営をしてみて、困ったら相手を探し、会社を譲渡するつもりでいたそうです。しかし、これから先、日本を取り巻く経済環境は大きく変わっていきます。人口減少に歯止めがかからず、国の成長にもあまり期待できません。

「だからこそ、経営の選択肢は多いに越したことはありません。経営はギリギリまで賭けるチキンレースではありません」という私の主張は、Ｋ社社長に刺さるものがあったようです。

こうして初回面談の2カ月後には、提携仲介契約に押印されました。マッチングにも、成功しています。譲受け企業は、中部エリアに本社を持つ、同じく製造派遣をメインとする会社でした。創業80年以上という長い歴史を持っています。

譲受け企業は人材派遣の割合が多く、今後収益効率の面から請負の割合増加と、業容拡大を狙い、Ｋ社を譲り受けました。一方で、外国人人材の活用も進んでおり、こちらはＫ社へノウハウを提供できます。当然、人材教育や、質の良い人材確保のための社会保険制度や福利厚生制度も充実しています。そして何より、Ｋ社としては譲受け企業経由の仕事により、大手食品メーカーＸ社だけに売上の80％を依存していた状況から脱却できます。こうして両社にとってＷｉｎ－ＷｉｎのＭ＆Ａとなりました。お互いの得意とする強みを組み合わせ、両社とも事業領域を拡大できたマッチングでした。

POINT

Ｍ＆Ａは困ってから行うものではなく、業績が安定しているうちに決断すべき。そうすれば、企業価値を維持しながら発展・成長のチャンスをつかむことができる。困ってからでは相手探しが困難になることも。

STORY 12

〈北陸・電気工事業L社の場合〉

足りない経営資源を「お互いに補完できる」M&Aを目指して無事成約

◆全国展開のチェーン店との取引により、企業力強化が急務に

北陸地方で電気工事を行っている会社のケースです。電気工事とは、送電線、配電盤、照明、情報関連機器の設置・修繕に係る工事のことで、社会インフラにおいて重要な位置づけを担っています。地元企業の地盤が固く、新規参入が難しいエリアが全国にはありますが、L社もそういった地域に地盤を築いていました。

この会社の業歴は20年を超え、社長も60代後半となっていました。前職のときにその会社の株式を取得し、MBO（マネジメント・バイアウト）によって社長になったという経歴を持っています。

実は、すでにL社の事業承継の準備は始まっていました。常務取締役は30代の若手ですが有能な方で、入社10年ほどで役員に抜擢されています。L社社長としては「自分の後を継いでもらうとしたらこの常務だ」という気持ちがあり、税理士と相談したうえで、10年間くらいかけて少しずつ株式を譲渡しながら後継者にしていく予定でした。

そう考えていたのですが、Ｌ社社長としては「これで本当にいいのだろうか？」という先行き不安もあって、改めて私に相談することにしたという経緯です。

「安心してください。社長よりずっと若い40〜50代の社長からでさえ、今や譲渡の相談は増えていますから」と私が申し上げると、「本当ですか？」とかなり驚かれたようでした。初回面談からその言葉で身を乗り出し、強い関心を持たれている様子が察せられました。

しかしながらＬ社には、いくつか経営課題がありました。

まず、拠点が本社と、県内・近県の町にしかないことです。前述したように、新規参入の難しいエリアですから、Ｌ社社長もこれまで近隣の仕事だけで完結させて現在に至っています。結果、遠方にある他県の拠点を持っていませんでした。

しかしどういう経緯か、全国展開しているドラッグストアチェーンとの取引がスタートし、全国にある店舗の電気設備メンテナンスを行うことになっていました。

そうなると、北海道から沖縄まで全国にメンテナンスのスタッフを送り込めるのか、という問題が生じてきます。逆に、それを実現できれば、Ｌ社にとっては紛れもなく成長するためのビジネスチャンスではあるのですが、現状の体制や資本力からすると、どこまで対応できるのかがわからないという状態でした。

◆常務への承継を望むものの、株式も企業成長も検討すべき課題

現状の経営課題を考えると、常務に経営を引き継がせたところで、先行きの不安が完全に払拭されるわけではありません。

もちろん、常務が全国展開に向けて旗振り役を務めてくれるのであれば、いささか話は変わってくるかもしれません。しかし、自社の努力だけで成長していくには、やはり限界が生じてしまいます。

だからこそ「レバレッジ型」の成長戦略（157ページ図表3-3）も同時に検討するべきで、そのためにはM&Aによって、親会社が持つ経営資源を最大限に活用しながら、自社の成長戦略を描いていくことも視野に入れておく必要があります。L社の場合は、このドラッグストアチェーンとの取引をうまく進めるためにも、全国規模でビジネスを展開している企業とのM&Aが成立すれば、さらなる成長も期待できます。

また、L社は電気工事の会社ですから、建設業に分類されます。建設業は近年、電気設備資材など建築資材の高騰、電気工事技能者不足による工期遅れおよび高齢化が深刻になっています。職人が高齢化すると会社の魅力が低下していきます。したがって、M&Aを検討するのであれば、早いに越したことはありません。

そしてもう一つ、これは会社の成長戦略とは関係ありませんが、株式の譲渡にも問題が

あります。

仮に今、L社を譲渡した場合、自社株の評価額がいくらになるのかを簡易計算してみたところ、おおよそ６０００万円で譲渡できることがわかりました。

しかし、これをまだ年齢の若い常務に譲渡するとしたら、どうなるでしょうか。年齢的に考えれば、まだ若い常務にこれだけの金額の株式を取得できるだけの資力があるとは思えません。ですから、10年かけて少しずつ株式を譲渡していくことを考えていたわけです。

ただし社長も常務も会社も業界も、10年後にどうなっているかは誰にもわかりません。リスクが大きいと言えます。

では、L社社長が常務にすべての株式を贈与すればよいのかと言うと、それも違います。常務に全株式を贈与するとなるとL社社長の手元には全くお金が残らないどころか、過去にMBOで株を買い取っていますので実質マイナスです。それに全額株式を贈与された常務には、莫大な金額の贈与税が課せられます。つまり、誰にとっても良い結果にならないのです。

その点、M&Aを用いて株式を第三者企業に譲渡すれば、L社社長の手元には相応のお金が入ってきますし、常務も贈与税を払わずに済みます。

もちろん、現時点において社長候補であることを自他ともに認めている常務が、M&A

で他社にＬ社株式を譲渡することをすんなり受け入れるだろうかという懸念は残ります。

そのため、Ｌ社社長から常務へ、Ｍ＆Ａによって株式を他社に譲渡することを伝えるのは、具体的なお相手が現れてからのほうが理解を得やすいとアドバイスしました。

「大前提として、トップ面談のときに、お相手が常務や従業員を大事にしてくれそうかどうか、社長の目で確かめていただきます。また、いずれ常務を社長に据えたいという希望をあらかじめ伝えておくのです。当然将来を確約するのは難しいところですが、しかしながら、社長が常務を信頼し、実力も認めていることを今、明確にしておかなければ、あとで行き違いが起きてしまいます。この点がしっかり両社の間で合意できれば、あとは常務に丁寧に説明し理解を求めるだけです。あくまで最終結論を出す前に理解してほしいという姿勢で、具体的な条件を示して説明すれば、常務も反対することはないでしょう。むしろ常務の活躍の場も広がる提携のはずですから」

そういう経緯で、比較的スムーズにお話が進み３回目の面談で契約をいただくことができました。

◆営業力のある商社との補完関係が成立

譲受け企業も、比較的短期間のうちに見つけることができました。同じ県内で工具や電気設備資材を扱っている専門商社です。この会社は、県内を中心に５００社以上の取引先を持っている中堅企業です。本社は同じ県内ですが、商圏は九州を除く全国をカバーしています。

ただ、将来的には需要の減少を懸念しており、業務の付加価値を上げるために工事業にも進出していました。しかし、施工の実績がほとんどなく、受注した工事はほぼ外注に回している状況でした。

Ｌ社にとっては、譲受け企業が電材商社なので、強力な仕入力を手に入れ、さらに親会社を経由した全国の協力業者のサポートが期待できます。県内のネットワークとともに、県外に展開できる機動力も併せ持ち、全国対応も可能な経営基盤を手に入れたと言えるでしょう。そういう意味で、お互いに足りない経営資源を補完し合える、理想的な組み合わせでした。

十分なシナジー効果が期待できるということになり、常務も納得したうえでこのＭ＆Ａは無事に成約となりました。

POINT

社内で後継者が決まっているからこそ、経営戦略としてM＆Aを実行するケースもある。従業員承継させたところで、持てるリソースは大きくは変わらない。

Ⅲ　再生・危機回避型のケース

STORY 13

〈東海・医療機器販売業M社の場合〉

大手とのミラクルマッチングの陰にあった「苦い後悔」

◆譲り受ける側にとっては〝渡りに船〟の条件

M社は東海地方に本社を置く、コンタクトレンズの卸・小売りをしている会社です。主に働いているのはM社社長とその奥様で、そのほかの従業員を入れても全員で5名という、個人商店に近い会社でした。

このM&Aは当初、「ミラクルマッチング」だと言われました。何がミラクルかと言うと、M社の株式を取得したのが、世界的にも有名な日用品卸Y社だったからです。

確かに、M&Aを成功させるためには、譲渡け企業は自社よりも大きな経営規模を持つ会社と一緒になるのが基本です。それは前述したとおりですが、それにしても社長を含めて従業員数が5名しかいないような小規模企業が、どうして世界的大手企業とM&Aができたのでしょうか。

種明かしをすると、Y社の狙いはM社が持っている許認可と自社ブランドだったのです。医療機器は人体に与えるリスクに応じて4つに分類されるのですが、コンタクトレンズやペースメーカーというのはその中でも最も要件の厳しい高度管理医療機器に該当します。しかし、これを新規で取得するのが難しかったので、いっそのことその許認可を持っている会社を譲り受けようというのが、Y社の考えだったのです。

結果的に、M社はY社の資本力と販路を活用して売上を伸ばしていき、M社の売上はたった一年でM&A実行前の数十倍にまで拡大しました。

一方、Y社にとってもメリットのあるM&Aだったと思います。高度管理医療機器等販売業許可が手に入ったため、グループとしては販売できる商品ラインナップが増えたことになり、マーケット情報をダイレクトに収集できるようになったからです。こうしたマーケティング力の向上と、クロスセルが実現しました。

◆着手金に躊躇して決断を先送り

しかし、M社のM&Aに際しては、すべてが万々歳ではなく、重大な失敗も犯しています。何が失敗だったのかというと、規模は劇的に拡大しましたが、実は小売店は閉めざるをえない結果になってしまったのです。これはM社社長が決断に至るまでに時間をかけすぎたことが原因でした。

M社との初回面談はある年の春のことでした。社長の年齢は60代に差し掛かっており、奥様との間に子供はおらず、典型的な後継者難の会社でした。親族内承継も、従業員承継も難しいという認識はあったようで、だからこそM&Aによる第三者承継をお勧めしたのですが、ここから話がなかなか進みませんでした。

2回目の面談時に決算書を見せてもらいましたが、薄利で売上はダウントレンドでした。コンタクトレンズ市場は、眼鏡市場の減少、スマホ利用時間拡大による若年層の視力低下に比例し拡大してはいるのですが、カラーコンタクトなど商品の多様化、使い捨てレンズの普及により製品のコモディティ化が進み、価格競争に突入してしまっているのです。それでも今M&Aを実施すれば、手数料、税金を差し引き、社長の手元には4000万円程度が残るという話をしました。M社社長には予想を上回る金額だったようで、少し驚いた表情を見せたのですが、「うちみたいな小さな会社でも引き受けてくれる会社って、どういう会社なのかな。それがわからないと、なかなか着手金を払う気になれないですね」とのことでした。

3回目の面談では、「着手金が無料のところもあるそうじゃないですか」とおっしゃったので、できるだけ丁寧に以下のとおり説明をしました。

「着手金が無料のところがほとんどですが、当社はあえて着手金を頂戴しています。むしろ、それこそが当社の高い成約実績の裏付けとなっています。会社の譲渡は一生に一度ですから、絶対に失敗ができません」

「そうですか。でも、あまり納得できないから、詳しく説明してくれないかな」

Ｍ社社長はかなりいぶかしんでいましたが、着手金には理由があります。それは、以下のような内容です。

「未上場企業の魅力は、決算書だけでは伝わりません。ベテラン従業員の存在や、業界での立ち位置、特別なノウハウの有無、参入の難しい取引口座といった情報は、決算書やホームページだけではわからないからです。そういった目に見えない会社の魅力を、社長にもインタビューをさせていただき、しっかりとわれわれが第三者の立場で、御社の魅力を余すことなく提案書に落とし込む。そうしないと魅力的なオファーはきませんし、本当の御社の価値が正しく伝わらないまま交渉に臨むことになります。着手金とは、御社を魅力的に伝えるための提案書類作成料、いわば実費なのです」

加えて、次の話をしたところで、Ｍ社社長の表情が変わりました。

「お相手の企業には社長と同じ覚悟で検討していただくために、同じく着手金を頂戴してからお引き合わせをしております。『とりあえず会ってみたい』というような興味本位の企業ではなく、本気の企業だけをご紹介する形のほうが、結局、良いM&Aができるのです。そうしないと、いたずらに社長のお時間と貴重な情報だけが流出していき、なかなか成約しないということになりかねません。そういった背景から、当社では創業以来必ず着手金を頂戴しています」

このように、着手金の本当の意義をお伝えしたところで、ようやく納得をしていただけました。ただ、「早くスタートしないと手遅れになってしまう」ともお伝えしたのですが、最終的な決断は先延ばしとなってしまいました。

その年の年末に最後の面談を行った時点でいったん、様子を見ることにしました。

◆2年後に待ち受けていたものは……

M社社長からは何の連絡もないまま、そこから2年の歳月が流れました。ところがその間、M社の業績は悪化の一途をたどっていて、この2年で財務体質が極めて悪い状態になっていたのです。

2年前に相手探しを始めていれば、まだ財務内容が悪くなかったので、相手も見つかったのでしょうが、ここまで財務内容が悪くなると、そのような会社を譲り受けようというところは現れなくなります。結局、この年の夏にお相手探しをスタートさせたのですが、なかなかお相手は見つかりませんでした。

ちなみに、2年前の時点では売上が約2億５０００万円、営業利益が５００万円くらいはありました。それがお相手探しをスタートさせたときには、１０００万円以上の赤字になり、債務超過に陥っていたのです。採算が合わなくなり小売店も閉めざるをえませんでした。

結果的に、コンタクトレンズ市場に参入するために高度管理医療機器等販売業許可が欲しいというY社を見つけるのに、そこから1年の歳月を必要としました。

相手先が見つかったものの、債務超過の会社に株価をつけるのは容易ではありません。したがって、負債も含めて1円で株式を譲渡することになりました。

2年前の時点では４０００万円くらいがM社社長の手元に残るはずでしたが、結局成約時には、手残りはゼロでした。それでもM社社長の余生が借金地獄から解放されたという意味ではよかったのかもしれませんが、私との面談当時にスタートしていれば、今も小売店は存続し、手残りもあったでしょう。

赤字に転落し、債務超過に陥った状態で譲受け先を見つけるのは簡単ではありません。結果として倒産・廃業になり、その時点で社長が個人保証している借金が会社に残っていたとしたら、社長はその後も借金を返済し続けていかなければなりません。これは悲劇です。そうならないようにするためにも、会社が安定しているうちにお相手探しをスタートさせたほうがよいのです。

POINT
債務超過に陥ってしまうと、M&Aの成約自体が困難を極めるようになる。経営環境の変化が激しい時代に慎重すぎる決断は、そのまま機会損失につながってしまう。

STORY 14
〈中国・食品製造業N社の場合〉
債務超過の会社に、思いがけないブランド企業の譲受け先が登場

◆自力更生は不可能、債務超過で倒産の危機に直面

この案件は大逆転ホームランでした。債務超過に陥っていて、かつ後継者不在でもあった豆腐製造会社を、全国的に有名な大手高級和食店を運営する会社が譲り受けたというケースです。

ビジネスの中心は地元の学校給食や介護施設で出される豆腐の製造、および食品卸業者

への販売ですが、初回面談を行った時点ですでに債務超過に陥っていました。公的機関とも話し合いを進めていて、残念ながら自力での再生はほぼ不可能という状況でした。

この業界は差別化が図りにくいことによる低価格化、輸入大豆の仕入価格の変動、2～4月に売れ行きが落ちるなど季節による売上変動があるため、再編が進んでいる業界です。

N社は、戦後間もないころから事業を営んできたため歴史はあります。現社長は3代目で65歳。ご子息が一人おり、商社勤めで海外に赴任しており親族内承継をする意思はありません。かといって債務超過ですから、従業員承継をするにしても、多額の連帯保証を引き継げるのかという問題が残ります。事実、N社社長は専務を後継者にしようと考えていましたが、「負債や連帯保証があることを考えると、専務が社長を引き受けてくれるかどうか、何とも言えません」ということでした。

つまり最大の問題は、負債や連帯保証をどうするかということです。もし負債や連帯保証を切り離すことができれば、専務がN社社長になることも可能です。そこで、経営の承継と財産の承継を切り分けましょうという提案を行いました。

負債も含めた会社の財産をすべて、M＆Aによってほかの会社に引き取ってもらえば、もちろん引き受けてくれた会社との話し合いは必要になりますが、専務にN社社長を引き継げる可能性が出てきます。専務にしてみれば、負債や連帯保証を譲受け企業が引き受けてくれるので、経済的な負担を心配することなく社長に就任できます。

逆に、この時点でＭ＆Ａを検討しなければ、恐らくN社は倒産せざるをえなくなります。大変難しい案件です。ですが、ヒアリングをしていると、技術力や販路などキラリと光る強みもいくつか発見できたので、まずは可能性を探ってみようと私は判断しました。

◆債権放棄、不動産同時譲渡の救済プランを立案

初回面談の１カ月後、工場が稼働する前の早朝に再訪しました。業績について伺ったところ、新型コロナウイルス感染拡大の影響が出ているとのことでしたが、社長は開口一番、こう切り出したのです。

「この件については、いったんやめようと思います。学校給食向けの豆腐が、休校が増えたことで売上減になっているのですが、逆に外出自粛の中で生協の宅配売上が、意外と堅調なのです。決算も黒字になりそうだし、このままだったら今後も何とかなるかもしれないので、もう少し頑張ってみたい」と、社長は胸をなでおろしていました。

とはいえ、債務超過であることに変わりはありません。この時点で、N社は２０００万円の債務超過であり、かつネットデット（純有利子負債：有利子負債および有利子負債同

等物から現金および現金同等物を差し引いた金額）１億５０００万円という状況でした。それに決算が黒字になるのはあくまで「特需」のおかげであって、そもそもコロナ禍以前から赤字です。このまま倒産ということになったら、N社社長は連帯保証人になっているので、担保に差し出している土地や自宅がすべて銀行に持っていかれてしまいます。

　でも、やり方によってはまだN社を救済する手立てが残っていました。N社社長に再度現実を直視していただこうと、私はこうお伝えしました。

「現状では２０００万円の債務超過ですが、社長のオーナー貸付を放棄していただくことができれば、何とか資産超過になります。また、特需ではあるものの黒字であること、そしてこれは相手先の希望にもよりますが、社長の個人所有である会社底地の同時売却も検討に入れていただけるのであれば、当社としてはお相手探しをお受けすることができます。社長、すべての条件が揃っている今しかありません。ただし、そのためには費用がかかりますし、成功報酬も決して安くはありません。もし今後業績が好転せず、株価１円での譲渡になった場合には、社長が成功報酬を自費で捻出することになりますが、その覚悟はありますか？　本日は社長の覚悟を伺いに来ました」

　オーバーに迫っているように聞こえるかもしれませんが、これが私の率直な思いであり、現実です。また、お相手先候補のリストも一部お見せし、１社ずつご紹介したところ、社長も冷静に自社の置かれている状況を理解され、「やはり相手探しにチャレンジしてみたい」というお言葉をいただくことができました。

M&Aが成功すれば、N社社長が背負っている連帯保証を外すことができ、個人で所有している土地も現金化してN社を存続させることが可能になります。そうすれば、従業員の雇用も守ることができるのです。

もちろん債務超過の会社ですから、株式の評価額がどの程度になるのかわかりません。場合によっては、1円での譲渡も視野に入れていただく必要があります。その場合、N社社長は成功報酬を自己負担しなければなりませんが、仮にそうだとしても、1億5000万円の連帯保証が外れ自己破産を回避できると考えれば、悪い話ではありません。

「しかし、M&Aを行って会社を譲渡した後、私と家族の生活は大丈夫でしょうか?」

N社社長の心配は尽きません。このときM&Aが実現したとしても、さまざまな引き継ぎがあることを考えれば、完全にN社社長の手から経営が離れるまでには、最低でも2、3年の期間が必要です。つまり、70歳手前くらいでの引退ですから、65歳で定年の会社員よりも長く収入を得られるという考え方もできます。

◆繰り返す躊躇の末に、ようやく覚悟が決まる

しかしその後、約束の期限を過ぎても契約書が返送されてこず、「やっぱりもうちょっと考えたい」という電話をいただき、しばらく頓挫してしまいました。こういう場合は不安ばかりが募ってしまい、時間が経つにつれて危機感が薄れ「とりあえず」考えることをやめてしまうオーナーは少なくありません。

それから2カ月ほど経ったころ再度訪問しました。結局、公的機関との話し合いは全く進捗していないにもかかわらず、社長は「本件については引き続き、前向きに考えます」と決断を先送りしようとされました。

「これ以上何を考えるんですか？　現実を直視してください！」

失礼を承知で、私はそう強く訴えました。すると、私の危機感を理解していただけたのか、ようやく決意を新たにしてくださいました。ここにきてようやく、「今回は絶対に、『やっぱりやめた』はないので安心してください。そのために柴田さんに再度来てもらったのですから」というお言葉をいただいたという経緯です。

◆会社を救う救世主が見つかった！

そのようなやりとりがあったうえで、最終的にN社社長は会社の譲渡を決断しました。

名乗りを挙げたのは、全国的なブランドを持つ大手高級和食店を運営する会社でした。まさに「白馬に乗った王子様」が見つかったのです。

この会社は、自社ブランドを活用して贈答用の高級食品の販売に注力していたのですが、今後販売のラインナップを増やしていきたいと考えており、設備とノウハウを含めて譲り受けできそうな豆腐製造業の会社を探していたところでした。これまで地元で学校給食用や介護施設向けに安価に作っていた豆腐ではなく、たちまち全国有名ブランドを冠した贈答用高級豆腐を作ることになったのです。もちろん、単価も数倍に上がり、利益体質になりました。

このＭ＆Ａが成功したことによってＮ社は存続し、従業員も働き続けられるようになりました。

POINT

企業価値は、譲渡企業の経営者が予想もしていないところに存在する。自助努力はもちろんだが、Ｍ＆Ａで「自力＋他力」の模索も常に同時並行で検討すべき。再びの成長軌道に乗せることも可能である。

STORY 15
〈九州・旅館業O社の場合〉
「M&Aしか道はない」と知りながら、迷い、悩み、葛藤し続けたプロセス

◆厳しい財務内容からM&Aありきで検討を開始

自分が経営している会社を譲渡するには、決断力が必要です。なかには、いろいろな理由をつけて決断を先延ばしにしようとする経営者もいます。

しかしながら、決断を先延ばしにして良い結果につながったケースはほとんどありません。下手をすると、負債がどんどん増えて債務超過に陥り、倒産に追い込まれるか、もしくは株価1円で譲渡せざるをえない状況になることさえあります。

旅館業O社は、創業60年を迎えた歴史ある旅館ですが、残念ながら債務超過に陥っていました。債務超過額は5500万円です。赤字が続いていましたから、このまま何もしなければ早晩、倒産は確実です。かつては分館も保有していたことからも、経営をどんどん縮小している厳しい事情がうかがわれます。

O社社長はまだ55歳と若く、もともと全く別の業界で働いていたのですが、奥様がO社の創業一族の遠縁であったことから3代目を継ぎました。ご本人はまさかO社の経営を引

き継ぐことになるなどとは、夢にも思っていなかったのですが、先代社長が親族内承継をしようと後継者を探したものの、ふさわしい候補が見当たらず、たまたま白羽の矢が立ちました。そのような経緯で社長になったＯ社社長ですが、「私は親族内承継や従業員承継は一切考えていません」と断言していました。最初からＭ＆Ａしか道はないと自覚されていたのです。

　ただ、前述したように５５００万円の債務超過を抱えているうえ、赤字決算が続いています。実は旅館業界は、訪日外国人や時間的ゆとりのある高齢者の増加により旅行市場は増加傾向にあるものの、宿泊形態や利用者ニーズの多様化、建物の老朽化、それらによる利用者への価格転嫁が難しいなどの課題があります。また装置産業のため、投下資本の大部分が固定化され資金調達のほとんどを借入に依存するビジネスです。収益確保のためには稼働率と消費単価の維持向上が欠かせません。Ｏ社は、財務内容は厳しく、時間的猶予はなかったのですが、以下の点が見込まれたので、Ｍ＆Ａが成立する可能性もゼロではないと感じました。まず立地については温泉街近くにあり、アミューズメント施設も近隣にあり集客には適していること。一方で近年増加傾向にあるインターネットエージェント、自社サイト予約に全く対応ができておらず、伸びしろがあったこと。売上原価の大部分を占める料理材料と、在庫コストの見直しに改善余地があったこと。宿泊料収入によってはコンセプトの打ち出し方にも改善余地があり、食事についても一部バイキング形式を導入し、外国人団体客を誘致する企画を実施するなど、多くの改善余地があったからです。

「いずれにせよ、もし会社を譲渡するならば、一刻も早く動かなければなりません。時間が経てば経つほど、債務超過の額が膨らんでいきますよ」

私からはそのようにお伝えして、初回面談を終えました。

◆同業他社や他の仲介会社の申し出に決断が揺らぎ……

しかし、ここからが大変でした。さまざまな理由をつけて、O社社長の決断が下されなかったのです。

2回目の面談時には、「M＆Aを進めることは進めてみたいと思っていますが……。実は仲介会社からではなく直接、複数の同業他社から譲り受けたいと申し出があります」と言われました。そこで、それらがどういう会社なのかを確認したところ、事業規模が極めて小さな会社ばかりでした。

「５５００万円の債務超過を抱えた会社を譲受けできるのは、最低でも30億円の売上規模を持つところです」と、私は断言しました。例えば売上高が5億円の会社が、５５００万円の債務超過を持つ会社を引き受けたら、負担が重すぎて共倒れになるでしょう。

重ねて聞くと、譲受けを申し出た会社に対してＯ社の決算書類を開示してから、すでに１年が経過しているとのことでした。本来、検討自体は１カ月程度でするものですから、それはつまりいずれの会社もＯ社を引き受ける気がないことを意味しています。だからこそ、一刻も早く引き受けてくれるお相手を探さなければならないのですが、社長はなかなか決断できません。

「銀行に相談してから」とおっしゃることもありました。しかし、銀行に相談しても根本的な解決にはなりません。

銀行側からすれば、Ｏ社社長の個人保証で融資を続けるよりも、売上規模が１００億円くらいある会社に親会社になってもらったほうがはるかに安心です。だから、このＭ＆Ａに銀行が反対する可能性は低いのです。

このように説明すると、今度は「実はほかのＭ＆Ａ仲介会社からも話がきていて、会うことになっている」と言われました。詳しく聞いてみると、どうやらほかのＭ＆Ａ仲介会社は着手金がゼロとのこと。こういう話は実際にいろいろなところで聞くのですが、Ｍ＆Ａの世界は極端な言い方をすると、「ゼロ・ヒャク」の世界。いくら着手金がゼロで、コスト的にはリーズナブルに思えても、成約ができなければ即、Ｏ社は倒産に追い込まれます。この点、多少の着手金を払ったとしても、本件のように早急にお相手を見つけないといけない難しいケースこそ、実力が確かな仲介会社に依頼したほうがよいのです。

◆検討を引き延ばす間にも膨らむ債務

2回目の面談から1カ月後、コンタクトを取るために電話したところ、O社社長はこう切り出しました。

「やはりもう少し負債を減らしてから譲渡しようと思います。そのために今は飲料収入と付帯収入にテコ入れを行っています。また、地域全体の魅力を高めるための街づくりを同業者含めて企画中です……」

しかし、こうしたやりとりをしているうちに、O社の債務超過は8000万円を超えてきていました。55歳の社長が60歳、あるいは70歳になるくらいまで経営を続けて体質改善を図り、多少なりとも負債額が減ったとしても、恐らくこの額の債務超過が解消されることはないでしょう。仮に10年かけてやっと債務超過から脱したとしても、自社株の評価額がせいぜいマイナスから1円になるだけです。

しかも、あと10年、あるいは20年、会社を経営していたら、その分従業員も高齢化しますし、そのころにはまた別の業界環境になっているでしょう。そうなったときに会社を譲渡したいと言っても、引き受け先は見つからないでしょう。

「もちろん自分で頑張って少しでも負債を減らそうと努力するのは素晴らしいのですが、それをやりつつＭ＆Ａも同時に進めていかなければなりません。そうしないと、本当に手遅れになってしまいます。厳しいことを言わせていただくと、世の中の多くの経営者と同じように、社長もこれまで経営を蔑ろにしていたわけではなく、懸命に自助努力を続けてきたはずです。にもかかわらず、今の財務状況があるのです。現在の状況はこの２、３年でつくられたわけではなく、数十年にわたる過去の積み重ねです。それをたった数年で劇的に改善させるのは至難の業です」

◆最後は、経営を舵取りする社長が決めなくてはならない

さらに、Ｍ＆Ａに躊躇している理由を聞いてみると、当社の成功報酬が高すぎるという声がほかの株主から出ているとのことでした。

でも、Ｏ社のリスクを一番背負っているのはほかならぬＯ社社長です。そもそもＯ社の社長になるなど思ってもいなかったのに、いつの間にか株式を持たされて、社長に担がれ、今に至っています。そして、自分が連帯保証人になって多額の借金を抱えているのです。

「社長、これまでずいぶん頑張ってこられましたよね。もっとご自身の人生も大事にしてください。誰よりも会社のことを思って、誰よりも尽くしてこられたのは社長です。これ

までのご苦労を無にしないためにも、基盤のしっかりした他社と一緒になれば、社長も従業員も、そして奥様も安心して、より前向きに経営できるのです。それにもかかわらず、考えあぐねている間に、今もなお出血が止まらない状況です。今なら相手が見つかるかもしれないのに、経営に全く携わっていない株主の反対があって進められないなんて、そんな話はないでしょう！　経営の舵取りをしているのはまぎれもなく、社長、あなたです！　たとえわれわれに多少の成功報酬を払ったとしても、連帯保証から解放されて、会社を成長軌道に乗せられるのならば、このM＆Aは成功ではないですか？」

　ここまで説明して、O社社長もようやく目が覚めたのかもしれません。本気でお相手探しをすることになり、10カ月後、地場大手のホテルチェーンとの最終合意に至ったのです。譲受け企業は資本力もあり、送客力や行政を巻き込んだ企画力のある会社でした。O社社長は、連帯保証からも解放され、引き続き経営に携わっています。

POINT

「今はまだその時期ではない」と先送りし、小手先の改善をしても、それが経営体質や財務を根本的に立て直す方策なのか。事実から目をそらさず、冷静な判断の下で譲渡を決断すべき。

Ⅳ　ＥＸＩＴ※（出口戦略）型のケース

※ＥＸＩＴ（イグジット）：企業オーナーや株主が株式を売却し、これまで投下したさまざまな資本を現金などで回収して利益を確定させること。経営者の責任からの解放として、あるいは未上場株の現金化の手段として活用される。イグジットの方法は株式の売却方法などによって異なるが、主にＩＰＯ、Ｍ＆Ａ、ＭＢＯの３種類が挙げられる。

STORY 16

〈北関東・繊維製品卸業Ｐ社の場合〉

堅実な事業活動が高く評価され、譲受け希望が３社と引く手あまたに

◆経営者も従業員も高齢化し、一刻も早い事業譲渡を望む

繊維製品卸業のＰ社は、後継者不在で事業承継ができないという典型的な状態の会社でした。Ｐ社が扱っている繊維製品は、地元の伝統産業である織物用糸や洋服用生地などです。客筋がよく、長年築き上げてきた信頼のおかげなのか、利益率の高さが特徴的な会社でした。ただし業界としては、アパレルメーカーの海外移転による国内生産の空洞化が顕著なことから、繊維製品卸も年々事業者数が減少しています。

「会社を譲渡したいので、相談に乗ってほしい」

ある年の秋にＰ社の会長から連絡を受け、私が面談に赴くことになりました。

会長は80歳を超えていて、実際の経営はプロパーだった従業員を社長に抜擢して任せて

いたのですが、その社長もすでに60歳を超え、その次の後継者を探す必要がありました。

しかし、従業員の中には次期社長を引き受けられる人材がいませんでした。この会社の陣容は、会長と社長のほか、事務員が二人、営業が5人、糸や生地を運ぶ運送担当者が3人です。運送担当者の一人は外部の会社の方なのですが、ほぼP社の専属のような立場で、かれこれ20年近く担当しています。

会長としては、現社長の後継者がいないことと、仮に誰かが手を挙げたとしても、結局のところ、株式をどうやってその後継者に譲渡するかという問題を抱えていました。持ち株比率は会長とその奥様、そして会長の妹で100％保有となっています。

会長から相談を受けて最初に面談したときから、できれば1年後の10月までに会社を譲渡したいと、気が急いていました。なぜかというと、そのときには今、働いている最年長の従業員が60歳になり退職するからです。実際に会社の譲渡が成功したときには、今の社長は退任することも決まっていました。

この会社の保有資産についても説明しておきましょう。社屋が建てられている土地の所有割合は会長が8割、会社が2割で、会長としては従業員に対する責任を全うした段階で会社をどこかに譲渡した後は、建物を壊して更地にして、そこを時間貸し駐車場に変えて収入を得ようと考えていました。

いずれにしても、会長としては賃料収入が得られればよいということだったので、それならば土地と建物を譲受け企業に賃貸して、そこから賃料収入を得るほうがよいのではないかと提案しました。そうすれば、更地にするための解体費用もかかりませんし、新たに駐車場を造る費用も必要ありません。会長は、「可能であればそうしたい」とのことでした。最初の面談で決算書2期分と決算仕訳前の直近決算書をもらい、簡易的に株価を評価することにしました。

◆成功報酬には理由がある――高い成約率と企業の評価額

翌月、会長のもとを再訪しました。このとき、すでに簡易評価ではありますが、会社の譲渡価額が出ていたので、それを伝えました。

評価額とともに着手金、成功報酬の件もお伝えしたところ、会長の顔色が変わりました。「費用が高すぎる」と言うのです。

「それならもっと安い値段でやってくれる税理士法人がある」と言い、その税理士法人が提示している金額は、着手金、成功報酬ともに私たちの半額だというのです。

会長が一番気にしていたのは、手元に残る金額でした。引退後の生活資金になるのですから当たり前です。私は、「会長が一番大事なのは、費用がいくらかではなく、手残りがいくらかではないのでしょうか？　この会社を魅力的に提案し、より高く評価してくれるお相手を全国から探すことができるのが当社のネットワークとノウハウです。着手金と成功報酬を惜しんだばかりに、譲渡価額に数千万円の差が出てしまうこともあるのがM&Aの世界です」とお伝えしました。

初回訪問から2カ月後の再々訪問時、他社と日本M&Aセンターの違いを説明し、手数料の差は譲渡金額の高さで十分に回収できること、M&Aの成約率が非常に高いことを説明しました。

会長の奥様からも背中を押していただいたことで、会長も納得され、M&Aが本格的にスタートすることとなりました。

◆想像以上に企業価値が評価されM&Aが成立

譲受け希望企業は最終的に3社見つかり、創業100年以上の老舗の繊維会社とのM&Aが決まりました。この企業は、製品の企画から開発・製造まで、一貫して国内の製造拠点で手掛けているアパレルメーカーです。P社が持っている強固な販売網や調達力、業界内知名度、服飾資材までの幅広い商品ラインナップ、さらには安定した顧客基盤を持っている点についても高く評価していました。

また、P社が長年にわたり、北関東地方において真摯な営業活動を続けてきた中で、きめ細かい対応力や配送力を武器に、さまざまな要望に対応できる体制を築いてきたことも、大いに魅力的でした。譲受け企業は北関東を商圏拡大の強化エリアとして考えていたため、事業基盤の強化に大きく寄与すると考えたようです。

このときのM&Aには、もう一つ大きな特徴がありました。譲受け企業の候補を3社お引き合わせできたのですが、いずれの会社もP社に大変興味を示していたため、この3社のトップにそれぞれ会って話をしてもらい、3社同時に希望価格を提示してもらったのです。いわば入札形式です。

その結果、予想をはるかに超える高値がついたのです。最終的に簡易評価額の倍程度の高値がつきました。

これがM&Aの世界なのです。企業評価はあくまで目安であり、重要なのは、譲受け企業がどう評価してくれるかなのです。もし会長があのとき、別の道を選んでいたら、数千万円の価値を失い、今とは全く違う結果になっていたかもしれません。まさに安物買いの銭失いになりかねないのがM&Aの世界なのです。経営者の皆様には、安いのはなぜ安いのか？　高いのはなぜ高いのか？　今一度考えてみていただきたいと思います。

POINT

目先の手数料の多寡より、「問題解決力があり、会社の評価を高めてくれるパートナー、そして譲渡先は誰なのか」を熟考してM&Aを検討する。それが企業譲渡の成功の秘訣である。

STORY 17

〈関東・ソフトウエア受託開発業Q社の場合〉

限られた情報を基に、リサーチ力と提案力を駆使してマッチングに成功

◆複数の仲介会社への依頼は「リスク」につながる

商売を行ううえで「あいみつを取る」ことが結構あります。あいみつとは相見積もりのことで、業者選定を行うとき、複数業者に見積もりを出させることです。1社から見積もりを取っただけでは、その見積もりが高いのか、それとも安いのかがわかりません。しかし、複数業者から見積もりを取れば、有利な価格を引き出すことができます。

同じようにM&Aに関しても、会社を譲渡する際に複数のM&A仲介会社を通じて、たくさんの譲受け希望企業からの条件を提示してもらったほうが、自社にとって有利な条件を引き出せると思っている経営者も少なくありません。

しかしＭ＆Ａ業界に限っては、それは誤解です。Ｍ＆Ａを検討している経営者の方にぜひ知っておいていただきたいのは、Ｍ＆Ａ業界においては、専任で依頼契約するのがいわば「常識であり鉄則である」ということです。複数のＭ＆Ａ仲介会社への同時依頼は、百害あって一利なしなのです。どこの仲介会社に行っても必ず同じことを言われるはずです。

そうした事情を知らずして自らの独自の考え方で話を進めてしまっていたのがＱ社社長でした。私が初回面談を行ったときは、すでに４社の仲介会社がひしめいている状態でした。Ｑ社は、大手企業のシステム開発から自社アプリ、ＣＲＭまで手掛けている企業で、プラント制御シミュレーターや金融機関向けシステム、流通向けシステムを得意としていました。昨今ではＳＥＳ（システム・エンジニアリング・サービス）が多く、システムエンジニアやプログラマーの育成に頭を悩ませていました。

国内には、上場しているＭ＆Ａ仲介会社だけでも６社あり、非上場も含めれば実に数百社になります。どこも実績が欲しいので、さまざまな企業に「Ｍ＆Ａを検討しませんか」と声をかけています。Ｑ社社長は、さまざまなＭ＆Ａ仲介会社から声がかかったことで、その中から最も条件の良い相手先を提示してくれたＭ＆Ａ仲介会社に依頼しようと考えていました。

これは「卵が先か、鶏が先か」の議論になってしまうのですが、Q社社長は、自分が納得できる条件を持ってきてくれたら詳しい資料を渡すと主張していました。M＆A仲介会社から言わせてもらうと、詳細な資料をまず提出していただかなければ、Q社社長が納得できる条件を提示してくれる企業をマッチングすることができません。Q社のことをよく知らずにマッチングしているわけですから。それにマッチングした譲受け希望企業も、自社にとってのメリットしか考えられないのです。

しかも、複数のM＆A仲介会社に声をかけていると、逆に譲受け希望企業から敬遠されてしまうという、やっかいな問題につながりかねません。

◆情報漏洩は企業価値と信頼を低下させる

なぜ専任契約が鉄則なのかというと、理由はいくつかあります。そもそも、M＆Aを進めていくうえで最大のリスクは、なんといっても情報漏洩です。そして、情報漏洩のリスクは譲渡希望企業がさまざまなM＆A仲介会社に声をかけるほど高まります。

もし、「Q社が売りに出ているみたいだぞ」などという噂が業界や地元に広まってしまったらどうなるでしょうか。恐らく、「Q社は売りに出さなければならないくらい経営が厳しいに違いない」という誤解とともに風評が立つでしょう。当然どの仲介会社も責任回避で、「情報漏洩したのはうちじゃない」と主張するでしょう。

取引先も警戒します。倒産寸前の会社との取引はリスクが高いと判断され、従来の取引関係を見直そうとするでしょう。その結果、売上が落ち込み、あるいは仕入れができなくなり、その段階で会社を譲渡しようとしてもうまくいきません。従業員も不安に思って転職してしまうでしょう。

仮にそこまで最悪の状況にならなかったとしても、譲受け希望企業に複数のM&A仲介会社から、「こんな案件があります」という話が持ち込まれれば、譲受け希望企業としては、「この案件はいろんなところから提案がくるけど、出回り案件なのか?」と思うでしょう。出回り案件とは、ワケありの案件のためになかなか成約されず、いろいろなところで「Q社を買いませんか?」という話が出回っている案件のことです。専任契約でない案件の場合、譲受け側からするとせっかく話を進めても、途中で別の仲介会社経由で成約してしまう可能性もあるわけです。時間とコストをかけてせっかく検討しても、無駄足になる可能性があるのであれば、怖くて検討できません。

例えば日本M&Aセンターを通じてトップ面談を行い、成約寸前のところまで話が進んだのに、ほかのM&A仲介会社とも同時並行で話が進んでいたら、すんでのところで成約できなくなることもあるのではないか、と譲受け希望企業は思うということです。

それだけでも、Q社の価値は毀損してしまうのです。したがって、M&Aの話を進めるときは、どこか信頼できる仲介会社1社と専任で契約し、その仲介会社が情報管理を徹底し、交通整理をしながら、譲受け希望企業との交渉を進めていくべきなのです。

Q社社長からすれば、複数のM&A仲介会社から条件を引き出したほうが、自社にとって有利なはずだと考えたのでしょう。しかし実は逆で、そのようなことをすると、前述したさまざまな理由で、会社の価値を毀損してしまうリスクが高まってしまうのです。大事なのは、秘密保持を維持しながら、最大の情報量をもってお相手を探す「ベストマッチング」であり、そして、それこそが日本M&Aセンターの強みと言えます。

◆ロングリストと蓄積情報を基に、好条件を提示

初回面談から2カ月後、2回目の訪問をしたとき、Q社社長はこう切り出しました。

「今、2社のM&A仲介会社と話が進んでいて、そのうちの1社からは、結構な譲渡金額が提示されています」

うれしそうなご様子で、こちらの反応をうかがいます。

しかし冷静に考えて、何の詳細資料もないのに高値を提示するのは怪しいと思いません

か？　でも私は、言葉を呑み込んで、日本Ｍ＆Ａセンターならこれだけの譲受け希望企業を出せますというロングリスト（次ページ図表3-5）を見せたところ、Ｑ社社長は目をみはり、一転して強い興味を持っていただきました。

「こちらはまだ専任契約を結んでいただいておりませんし、詳細な資料も拝見していない中での、あくまで候補の一部にすぎません。正式に専任契約を締結していただければ、より確実な候補企業をお示しすることができます。プロとしてやはり専任をお勧めします」

しかしながら、それでも社長の考えは変わらなかったので、私としては本意の進め方ではありませんでしたが、持てるすべての情報を使ってＱ社の内容を精査し、「ここならシナジーが見込めるので興味を持って検討してくれるだろう」と思われる、複数の譲受け希望企業に打診してみました。そして、その中で好条件を提示してくれた譲受け希望企業のリストを携えて、Ｑ社社長と再面談しました。

そこからは話がスムーズに進んで、結局当社にて成約となりました。当初、ほかのＭ＆Ａ仲介会社が提示していた金額よりも、６０００万円ほどの上乗せになり、Ｑ社社長にも満足していただけました。

Ｑ社からはほとんど何も材料をいただけない状態で、それでも譲受け希望企業を見つけ出して成約にまで持ち込めたのは、やはり日本Ｍ＆Ａセンターが譲受け希望企業をはじめ

図表3－5　ロングリストサンプル（イメージ）

候補先企業一覧

有限会社○○社 御中

株式会社日本M&Aセンター東京本社
〒100-0005
東京都千代田区丸の内1丁目8-2
鉄鋼ビルディング24階
TEL：03-5220-5454

NO.	候補先名	業種	都道府県	売上（百万）	上場	推薦理由・想定シナジー
A.【内製化／仕入】仕入れコストを削減したい						
1	有限会社□□	光学機械製造業	a県	5,535	非上場	非常に高い技術力を背景に産業用として多岐にわたる分野へ供給しており、業界においては相応の地位を築いている年商55億円の高収益企業です。②高度な金型技術を持つ企業に興味を示しており、対象企業様は当該ニーズに合致する業態につき一度提案させてください。
2	■■株式会社	アルミ・合金プレス製品製造業	b県	6,256	非上場	幅広い顧客にプレス品の供給をしております。以前より内製化率拡大によるコスト削減と販路拡大のニーズがあり、貴社との資本提携を通じて課題解決できればと考えておりますので、推薦いたします。
B.【技術力強化】技術・開発ノウハウを強化したい						
3	株式会社●●	金型製造業	c県	8,450	グロース	当社仲介で2社M＆A実績あり、自社と異なる事業領域への進出意向あり。
4	☆☆株式会社	電子計算機製造業	d県	266,454	プライム	サプライ製品の開発・販売大手企業。今後BtoBの強化のため、自社の営業力で拡販できるものを製造する会社との提携を望んでおります。自社のリソースを用いた技術承継も可能かと思われます。
5	◎◎有限会社	プラスチック製造業	e県	6,264	非上場	オフィス用品金型製造・射出成形を行っている会社になります。金型の製造会社と提携し、技術力の拡大を希望しています。
6	★★株式会社	精密機器製造業	f県	7,826	非上場	東京に本社を置く精密部品メーカーです。金型製造内製化のニーズを伺っており、高い技術力を持ち多様な取引先をお持ちである貴社のような会社をお探しであるため、一度ご提案させていただけますと幸いです。
7	株式会社◇◇	貴金属製造業	g県	33,464	スタンダード	経営計画の中で製造力強化を掲げられており、プレス金型の内製化を検討されています。また海外にも拠点や販路を有しているので、国内外で安定生産を見込めます。貴社の技術にご興味をお持ちいただけると考えますので、ぜひご提案させてください。
B.【支配力強化】シェア向上による市場・価格支配力アップで、売上・利益向上を図りたい						
8	◆◆株式会社	配線・精密機器製造業	h県	16,764	スタンダード	精密金属プレスについては、弱電から自動車まで幅広く対応しています。マザー工場としての国内製造拠点の強化に繋がる観点より関心持つ可能性が高いと考えています。
9	有限会社＊＊	労働者派遣業	i県	6,436	非上場	全国各地に拠点を保有する人材派遣業。製造業向けの人材派遣実績もあります。業容拡大ニーズをヒアリングしており、マッチングの可能性があります。
10	△△株式会社	電子回路基板製造業	j県	9,571	グロース	電子部品、自動車部品の卸売業。企業提携にも積極的であり、同業との提携実績があります。エリア強化やシェア強化の観点から、貴社との提携にも関心を抱くものと考えられます。
B.【人材確保】有資格者等、優秀な人材を確保したい						
11	株式会社▲▲	金型製造業	n県	10,311	グロース	プレス金型の設計・製造会社。技術者の確保を志向しております。同業でもあり、事業面、人材面含めてシナジーを追求できるお相手と思います。
B.【内製化／製造】製造コストを削減したい						

とするさまざまな企業情報を持っていたからであって、加えて、これまでの経験から得られたマッチングの成功パターンを熟知していたことも成約の一因でした。それがなければ成約までたどりつくのが難しい案件でした。

ただし、専任契約を締結していただいていたら、よりふさわしいお相手と好条件が見つかり、双方にとって、さらに望ましいマッチングが間違いなく成立していたと思います。

ちなみに、Q社を譲り受けたのは、上場を目指している同業企業でした。官公庁向け受託開発のほか、法人向けクラウドサービスやBPO（ビジネス・プロセス・アウトソーシング）も手掛けており、上場に向けて業容拡大を目指していました。Q社にとっても請負契約の受注単価アップが図れる会社でありました。

POINT

M&Aの成否を決めるのは秘密保持と情報量。信頼できる1社と専任で契約を結び、情報管理を徹底しながら、幅広い情報量の中で最もふさわしい譲渡先を探すのが本来はベター。より好条件の相手に巡り合えるはず。

V　失敗から学ぶケース

STORY 18

〈北関東・繊維染色業R社の場合〉

譲渡のタイミングを逃したばかりに、株式が評価されず法人格を消失

これは率直に申し上げると、失敗事例です。M&A自体は成立し、倒産や廃業といった最悪の状況は回避できたので、その意味では成功事例なのですが、あまりハッピーエンドにはなりませんでした。

◆幸せなM&A、不幸なM&Aの分かれ道

そもそもM&Aとは、会社を譲渡した側も、譲り受けた側も、そして譲渡企業の従業員にとってもハッピーになる三方よしを追求するものです。譲り受けた側からすれば、新たなシナジーを生み出し、会社を成長させる原動力になりますし、譲渡した側にとっても、後継者難など会社が抱えている問題を解決し、事業を存続させられます。従業員はそのまま働き続けることができるので、生活が安定します。

それとともに、会社を譲渡した経営者は、譲渡益で自分の残りの人生に必要な現金を手

にすることができるだけでなく、会社の負債の連帯保証人から外れることができます。
ただ、そのように良い結果を得るためには、会社を譲渡するタイミングをしっかり理解しておく必要があります。タイミングを間違えると、その効果が半減してしまうケースもあるのです。

R社は、まさにその典型例でした。

R社社長は創業者の甥で、3代目を継いだ社長で62歳です。お嬢様が二人いますが、どちらも専業主婦だったので、親族内承継は考えられない状況でした。

しかも、帳簿上は黒字でしたが、実質は業績が悪化して5期連続の赤字を計上していました。将来の見通しは暗く、従業員承継も難しそうでした。

繊維染色業界は国内繊維産業の縮小、輸入製品との競争激化を受けて市場環境は非常に厳しいうえに、化学薬品を使用するために下水道の負担金が課され、さらに染料や燃料の価格高騰も相まって経営は簡単ではありません。受託型産業から企画提案型産業への脱皮によって適正加工賃を確保できる環境づくりが、多くの中小染色業者にとって不可欠となってきています。

R社は、創業者の弟にあたる現社長の父親が2代目を継ぎ、父親が亡くなった後は母親が株式を保有していて、初回面談のときには「まず母に相談してみます」ということでした。

2回目の面談時、もしM&Aを行ったとき、R社の株価はこのくらいで評価されるのではないかという簡易評価の結果をお伝えしました。

そのとき、R社社長がおもむろに「実は……」と口を開きました。

「当社の経営が厳しいとき、父が総額で４０００万円を会社に対して貸し付けていました。私が社長になってから、毎期数百万円ずつ、その返済を行っています。ただこれもあと5年くらいで終わります」

R社社長は、この役員借入金返済が終わったら会社の収益力が今以上に上がるはずだと見込んでいましたが、そのときR社社長の年齢は60代後半に差し掛かります。はっきり言って危機感が足りないようにも感じました。R社社長としては、そうした事情を織り込むことで少しでも自社株の評価額を高めたかったのだとは思いますが、そこまで先の話を会社の評価に盛り込むわけにはいきません。

◆設備投資ができず企業価値が上がらない状況が続く

それでも、まだこのときに決断していれば６０００万円前後で譲渡できる可能性がありました。

ただ、もう一つ大きな問題があります。通常、染色工場では、製造工程で化学薬剤を用いるので、土壌汚染の可能性が高く、その費用を見積もっておかなければなりません。土壌調査と土壌改良のためには、方法にもよりますが、数百万～数千万円程度のお金が必要になります。

加えて、R社が使っている設備の老朽化も問題でした。設備の入れ替えにも相当額の資金が必要になってきます。繊維染色業は装置産業であり、年々大型化、高額化しているため、設備投資負担に耐えられない中小企業は廃業が続いています。いずれも仕方がないことなのですが、それらを含めて、株式がどう評価されるのかという点が大きなネックとなっていました。R社の現況を一通り見渡したうえで、社長に私の所感を申し上げました。

「御社は、帳簿上は黒字ですが、ここ数年、社長は役員報酬はほとんど取っていませんね。設備投資をしていないので、減価償却がほとんどないから黒字でキャッシュが回っているだけではないですか。必要な投資をすると、事実上は赤字であることは、社長ご自身も理解されているのではないですか」

「おっしゃるとおりです。新しい機械が必要なことはわかっていたのですが、ご覧のとおり、お恥ずかしい財務状態で十分にできていません。このままでは世の中の新しい品質のオーダーについていけなくなるでしょう……」

「進むことも退くこともできないわけですね。とはいえ、後継者がいない中で、これ以上借入をして新規設備投資をためらうお気持ちもわかります。現状のままでは右にも左にも行けず、どっちつかずです。社長、本件の条件交渉はかなり厳しいものになるかもしれません。しかし、それでも今、動かなければ時間がありません。恐らく今なら、まだお相手が見つかる可能性はあります。もしお相手が現れなかったときは、残念ですが清算も視野に入れて検討しなければならない段階です。60年続いたこの会社を存続させるためにも、ご決断を」

どこかの会社に譲渡するにしても、あるいは清算するにしても、ここで決断しなければなりません。M&Aが成立するかどうか、きわどい局面でした。

それでも、R社社長はなかなか決断ができず、無料のM&Aマッチングを行う当社グループ会社のサイト「BATONZ（バトンズ）」に登録して、しばらく様子を見ることになりました。そして、1年後に再び、私はR社を訪問しました。

◆債務超過状態の事業譲渡で2代目の貸付金も回収できず

社長に状況をお聞きしたところ、「2社から問い合わせがあったものの、そこから先に話が進まず立ち消えになった」ということでした。やや手遅れ気味でしたが、いよいよ日本M&Aセンターを通じて譲渡先を探すことになりました。

最終的に、県内の同業会社が手を挙げてM&Aは成立しました。この同業会社には親会社があり、かなりの規模の大手ということで経営基盤は安定しました。しかし、このM&Aを成立させるために、R社の従業員が2名退職することになり、残った従業員に対して大幅な減給を呑んでもらうしかなかったのです。

さらに、法人格もなくなりました。かろうじて工場の名前にR社の社名が残ったものの、R社は譲受け企業に吸収されてしまいました。正確には吸収してもらいました。

しかもR社の最後は債務超過でした。土壌汚染が発覚し、その浄化に莫大な費用が必要になったこと、老朽化した設備では世の中から求められるクオリティに対応できなくなっていたことから、株式はほとんど価値がつかなくなってしまったのです。私が初回面談を行ったときであれば、まだ株式には価値があったので、少なくとも2代目がR社に貸し付けていた4000万円の残債分くらいは、戻ってきたでしょう。

しかし、最終的に債務超過での譲渡でしたから、R社へ貸し付けた債権の回収もままならなくなりました。いかに経営者の素早い判断が大事かということです。

M&Aによって、結果的にお二人の従業員がリストラされてしまったことはお気の毒でした。しかしながら、退職されたお二人が、すでに60代後半であったことを考えると、必ずしもバッド・エンディングとは言えないのかもしれません。また、残った従業員は大幅に減給されたとはいえ、もともと業界水準よりかなり高額だったため、業界水準に戻させてもらった格好です。そもそも、M&Aがなく倒産していたら従業員全員が路頭に迷います。連帯保証人の社長は会社と共倒れを回避し連帯保証も外れ、肩の荷が下りました。今は相談役として関わっていただき、心身ともに穏やかな日々を送られています。そういう意味ではハッピーエンドなのですが、もしR社社長がもっと早く決断していたら、法人格も残りさらに幸福なM&Aができたはずだと思うと、あのとき社長に英断させられなかった自分の無力さを悔やむことがあります。

POINT

経営課題の明確な解決策がない中で決断を先延ばしにするのは得策ではない。経営者は時機を見誤らずに、重要な判断を。早すぎることはないが、遅すぎる決断は致命傷になる。

STORY 19

〈東北・飲食業Ｓ社の場合〉

恩義のある会社に直接譲渡を交渉、成立したものの後悔する結果に

◆旧知の企業同士の関係でも、直接交渉はリスクが多い

これは明らかな失敗事例です。ただ、往々にして起こりがちなケースなので、もし今、真剣にＭ＆Ａを検討しているのであれば、この事例をしっかり読んで、十分に気をつけていただきたいと思います。

この会社はしゃぶしゃぶ店を国内5店舗、海外1店舗経営する会社です。和食はユネスコの無形文化遺産として登録されてから世界的プレゼンスが上がっています。なかでもしゃぶしゃぶは客が自ら料理する体験を楽しめる「コト消費」としての魅力もあり人気です。ただし非正規雇用社員を中心に人材不足が深刻化しており、また主に冬の食べ物という印象が強く季節変動要因もあります。今後はオペレーションの効率化、業務の繁閑に合わせた最適な従業員配置、ＰＯＳシステムの導入、ＨＡＣＣＰ（ハサップ：危険度分析による衛生管理）への対応が欠かせません。

この会社は現社長の祖父により創業されました。60代半ばになった社長にとって目下の

課題は後継者不在でした。ご子息とお嬢様が一人ずついるのですが、S社社長には継がせるつもりがなく、本人たちも継ぐ気はありませんでした。

S社社長は、人物としては「よい人」です。しかし、それが今回の案件ではネックになってしまいました。というのも、S社が創業期からお世話になっているZ社からのオファーを断り切れず、私たちとはすでに専任で契約を結んでいたにもかかわらず、S社をZ社に譲り渡してしまったのです。

結局このM&Aは大失敗に終わりました。

事の経緯を説明していきましょう。

S社社長は、できれば70歳を迎えるまでには引退したいと考えていました。そのため、私たちへの依頼以前にも別の仲介会社に打診していたくらいです。

しかし、このときは仲介会社に連絡の不備などがあり、途中で契約を解消していました。ですから、もともと会社を譲渡する意思はあったのです。

自社を譲渡するに際してS社社長は、できればZ社に譲渡したいという意向をお持ちでした。なぜなら、祖父の時代から3世代にわたってお世話になったという経緯があったからです。そのための初期打診も行っていました。

私はこの事実を把握した時点で、「Z社に譲渡したいのならば、それはそれで結構なのですが、本来的にはもっと幅広く探したほうがいいと思いますし、交渉過程では必ずM&Aのプロを入れるべきです。直接交渉はお勧めしません」とご忠告しました。

「なぜ直接交渉がいけないのですか？」

「きちんと理由があります。そもそもM&Aでは、基本的に譲渡企業はなるべく高く売りたい、譲受け企業はなるべく安く買いたいと思っています。その中でうちを買ってくれませんか、という提案をするわけですから、初めから不利な立場で交渉開始に臨まなければなりません。御社以外にもたくさん相手先はあるけれど、まずは御社に声をかけている、というスタンスと、御社しか相手がいないというスタンスでは、交渉力が変わってきます。

それに相手先は大企業ですから、M&Aに慣れている可能性がありますが、譲渡企業にとっては後にも先にも初めての経験で、周りにM&Aに精通した弁護士や税理士、公認会計士もいないケースがほとんどでしょう。気づいたらお相手に有利な契約書を結び、しかも譲渡オーナーが将来リスクを負う可能性だってありえます。譲渡価額が適正かどうかさえ判断が難しいのではないでしょうか。

それでも話がまとまればよいのですが、破談になった場合は事業に影響が出る可能性もあります。それに、直接交渉だと、〝言った・言わない〟の問題も出てくる可能性があります。大リーグで球団と選手の間に必ず代理人という交渉役を挟むのと同じことです。

実際、譲渡企業と譲受け企業とが直接交渉して話を進めるケースは、たくさんあります。ただ、M&Aを成立させるためには、法務、税務、会計、業界の業法、登記分野、統合後のリスクなど、交渉中もさまざまな課題が浮上してきますが、大事なのは成立そのものではなくて、リスクなく安心安全に契約し、お互いが成功する未来を描くことではないでしょうか。そのためにも、餅は餅屋です。間にプロを入れたほうがいいですよ」

これは極めて重要なポイントです。私からはここまでしっかりお伝えしたうえで、初回面談は終了しています。

◆譲受け希望企業が先走り、コントロールを握られる

初回面談の1週間後。S社社長に電話をしたところ、Z社の社長から、「役員であるうちの息子が海外から帰ってくるので、来月からS社に入社させたい」と一方的に言われたという話を聞きました。また、「S社が持っている海外現地法人はうちにとって不要なので、これは買うつもりはない」とも言われたそうです。

ちなみに、海外現地法人は無借金経営で、毎期1000万円弱の利益が出ていました。S社社長としては、海外法人だけ残されても困ってしまうのですが、Z社はそれに「ノー」を突きつけてきたのです。

「私としては、現地法人もセットで譲渡し、しっかり営業を続けてもらいたい。どうしたらいいのか弁護士にも相談していますが、弁護士もＭ＆Ａの実務をよくわかっていない」と社長は不安げです。

私には、Ｚ社が暴走しているように思えました。

この段階では、Ｓ社社長がＺ社に会社を譲渡するという決断を下していませんでしたから、Ｚ社社長の息子をＳ社に入れるとか、現地法人は要らないといった話をする段階ではありません。まるでチグハグでした。だからこそ、私もＳ社社長に対しては、再三「会社を譲渡するなら、きちんとリスクを排除しながら進める必要があるのでプロを入れてください」と勧めたのです。

最終的に、初回面談の翌月には日本Ｍ＆Ａセンターと提携仲介契約を結び、Ｚ社との交渉、およびＺ社以外の会社も探すことをスタートしました。

「長い付き合いになるから、よろしく頼みます」

調印の後、Ｓ社社長から食事にお誘いいただき、このときは杯を酌み交わして私たちとも良好なムードでした。ただ、この段階にきてもＳ社社長は、「できればＺ社に譲受けしてもらいたい」とおっしゃるので、こちらもＺ社に譲渡することを前提にして、その後、Ｚ社にＳ社の適正な株価を提案しました。Ｚ社が提示する譲渡価額は、あまりにも適正価格からかけ離れた安いものだったからです。

しかし、こちらの提案に対してZ社は、あまりよい顔をしませんでした。要するにZ社は、S社をできるだけ安く譲受けしたかったのです。しかも、Z社社長は、「M&Aなんて3年くらいかけてじっくり取り組んでいけばいいでしょう」というスタンスでした。これは譲受け企業にのみ有利なスケジュールです。

Z社側にS社を譲り受ける意向があるならば、3カ月程度で話を進めるのがM&A業界の常識です。3年かけた揚げ句、やはり計画が変わったなどと言われてはしごを外されても、タイミングを逃した企業の時間は戻ってきません。身内に不幸が起きるかもしれないし、大災害を受けてM&Aができない状態になってしまうかもしれません。これらは実際にあった話です。

また、情報漏洩のリスクにもさらされ続けることになります。急ぐ必要はありませんが、こういう話を長引かせること自体がリスクなのです。当然、私たちM&Aのプロは通常、ネゴシエーションオープンした段階から全体感のスケジュールを引いて、両社と、それに関わるキーパーソンや外部関係者のスケジュールも押さえてスムーズに話を進められるように調整していくのです。

◆譲渡先に恩義があると言い分を呑まざるを得ない

話がなかなか進まないうちに、途中からS社社長と連絡が取れなくなりました。数カ月くらいそのような状況が続き、ようやく連絡が取れたと思ったら、「実はZ社に会社を譲渡してしまった」と言われました。これでもう、当社としては、何もすることがなくなりました。

しかし、案の定、S社社長としてはハッピーな終わり方ではありませんでした。結局、Z社役員の息子がS社に入り、経営を握っているようで、「こんなはずではなかった」と嘆いておられました。しかも、現地法人もS社社長個人の手元に残ったままでコロナ禍に突入してしまいました。まさに典型的な失敗事例です。

なぜ、あれほど言ったにもかかわらず直接交渉をしてしまったのか。S社社長からすれば昔の恩があるので、Z社社長の言い分を呑まざるを得なかったようです。何を言っても始まりませんが、交渉の公平性を維持するためにも、直接交渉は避けたほうがよいのです。

POINT

直接交渉は、規模の格差や取引関係が絡んでくると不利な条件を突きつけられがち。仲介会社が入るのは、リスクを排除して公平な条件交渉をスムーズに行うためである。

STORY 20
経営者の迷いや悩みを解決に導いたエピソード集
～M＆A決断のとき～

ここまで19のストーリーを紹介してきました。読んでいただけるとわかると思うのですが、自分が手塩にかけて育ててきた会社を、第三者に譲渡することに躊躇する経営者は大勢います。だからこそ、この19のストーリーに登場する経営者は皆、思い悩み、その中で会社を譲渡するという決断を下されました。

最後に、これからM＆Aを検討している経営者にお伝えしたい小さなストーリーをいくつかご紹介しましょう。

【ゴルフ場での決断】

ある医療法人の院長の話です。ご子息が一人おり同じくドクターなのですが、大学病院の勤務医であり家業を継ぐつもりはないとのことでした。したがって、事業承継型のM＆Aをどこかで決断しなければと、院長は漠然とですが考えていました。

そんなある日のこと、ゴルフコンペで一緒に回っていた4人のうち3人が、すでにM＆

Aで自分の会社を譲渡した元経営者であったのです。

それがきっかけでM&Aを真剣に検討するようになったのですが、たまたまとはいえ確率としてはなんと75％。今、そのくらい中小企業でもM&Aは珍しい話ではないということです。

【売上の4分の1が吹き飛んで大慌て】

某倉庫業の会社は、雑誌や定期刊行物など紙媒体の物流倉庫を主な業務としており、後継者がいない状況でした。

とはいえ社長がまだ50歳そこそこなので、少し時間をかけて譲受け希望企業を探したいというご希望かと思ったのですが、とにかく早くM&Aをしたいとおっしゃいました。実は、後継者難以外に、もう一つ大きな問題を抱えていたのです。それは、この会社の売上の25％を占める取引先が、紙媒体をやめて電子出版に切り替えることになったのです。もはや、物流倉庫がいらなくなります。当然、売上の4分の1が吹き飛ぶのですから、社長が慌てて譲渡先を探すのも無理からぬことです。

この事例は、売上の多くを特定の取引先が占めるような企業の場合、M&Aでより顧客基盤の安定した企業と資本提携を結び、その顧客を活用しポートフォリオの分散を図りながら会社を成長させるのが得策であることを示唆しています。

【株主である、ほかの親族の抵抗をどう抑えるか】

次に、中国地方で食品スーパーを経営している会社のケースです。創業者は現会長で、大手との提携を希望していました。なぜなら、このまま経営を続けたとしても、地元の人口が減るのでスーパー業界は経営環境が厳しくなるばかりで、単独で生き残るのが難しいと考えられていたからです。

現在、会長の長男が社長で、次男が専務として経営を切り盛りしています。典型的な家族経営の会社です。

最大の問題は、会社を譲渡することに対して家族全員が一枚岩になっていなかったことです。会長は「賛成してくれるはずだ」ということでしたが、今回のM＆Aについて説明するために会長宅にお邪魔したところ、会長とその奥様、社長である長男、専務である次男の４人がおり、そのうち会長の奥様と、専務である次男は、M＆Aに大反対という状態でした。

ちなみに社長はというと、以前、ほかのM＆A仲介会社からダイレクトメールが届き、興味があって一度、担当者と会ったことがあるとのことでした。そのときに聞いた話から、社長はＭ＆Ａに反対ではないということがわかりました。会長はそもそもＭ＆Ａをする気でいましたから、鍵を握っているのは社長である長男だと確信し、そこから先の面談、説明などのやりとりは、もっぱら社長と行って、まずは社長の承諾を得ることに専念しました。奥様や専務である次男を交えて議論をしても、結局は賛成と反対が真っ二つに分かれて、永遠に結論が出ないと判断したからです。

また、良い相手が見つかれば、Ｍ＆Ａに反対している会長の奥様や専務も考えが変わると確信していました。そのためにはまず、社長にお相手探しの承諾を得る必要があります。最終的に、社長はお相手探しを承諾してくださいました。こうして会長・社長の応諾をいただき、お相手探しをスタートさせたのです。ご家族への相談のタイミングは先にするのか相手が出てきてからにするのかなど、考えるべきです。結局本件はお相手が出てきてから会長の奥様も賛成派になり、専務のご理解もいただけました。

【Ｍ＆Ａをする気のない社長が翻意した〝後継者問題〟】

北海道のある自動車整備業の会社は、創業者が以前会社の譲渡を検討し、私が相談に伺ったものの結局は元従業員だった現社長が創業者の持っている株式を全部買い取り（ＥＢＯ：エンプロイー・バイアウト）、従業員承継を実現していました。

それから3年が経過して、その後が気になって再訪しました。社長はまだ50代前半なので、後継者を急いで探す必要もなく、伺ったときも、「株式は全部私のところに移ったし、今のところ会社を譲渡することも譲受けすることも考えていません」ということでした。

ここまで言われてしまったら、普通ならそのまま退散というところですが、ふと、社長には後継者がいるのだろうかと思い、さりげなく聞いてみました。

「会長は社長にすべての株式を売ることができたから、うまく出口戦略が描けましたが、社長はいかがですか。社長ご自身の出口戦略は考えておられますか」と。

すると、「確かに、考えていなかった」という答えが返ってきました。今の社長の仕事を引き継げる従業員はいないし、自分の子供に継がせることも考えられないということでした。今はまだ急ぐ必要はありませんが、これから10年後、あるいは15年後に後継者問題に直面することがわかりました。

しかもこの社長は、会長から株式を買い取るのに際して、銀行から借入をしていました。もし後継者が現れなければ、借金して買った分だけ損失になります。

そのような問題点をいくつか挙げて説明していくうちに、徐々に社長も後継者問題と株式の出口戦略を真剣に考えるようになり、結局2カ月後にM&Aを進めることになりました。優良企業でしたので、シナジーの期待できるお相手と無事成約し、今も社長として手腕を奮っています。

【骨肉の争い？】

関東地方で地域密着型の不動産開発を行う、とあるディベロッパーは、自己資本比率が高く、財務内容が優良で、今の会長が創業者。そのご子息が社長を務めています。

株主は、会長のほか、会長の二人の妹で、それぞれ20%ずつ保有しています。ただ、経営を行っているのは会長で、妹は二人とも経営にノータッチでした。前述したように、極めて財務内容の良好な会社だったので、株式の評価は非常に高かったのですが、ある日、上の妹が、株式の買い取りを要求してきました。このときは仕方なく、その株式を会社で買い取りました。

ところが、それから2年後に、今度は下の妹が株式の買い取りを求めてきたのです。

しかも、この2年で会社の業績はさらによくなっていたため、その株式は、先に譲渡した上の妹の株式よりも高値で買い取らざるを得なくなります。しかし、高値で下の妹の株式を買い取ると、さまざまな問題が生じてきます。

まず、先に安い株価で譲渡した上の妹がへそを曲げて、姉妹間で不仲になるリスクが生じること。

次に、下の妹の株式を高値で買い取ると、会社が多額のキャッシュを失ってしまうこと。これは会社の財務面に大きく響く問題です。何よりも今、社長をしている自分の息子を困らせることになります。

3番目に、妹たちは株式を高値で買い取ってもらったので満足かもしれませんが、問題は会長の株式をどうするかです。妹たちの株式を買い取った時点で、すでに会社から多額のキャッシュを失っていますから、会社に会長の株式を買い取らせるわけにはいきません。かといって、社長に買い取らせるにしても、ご子息はそれほど資力がありませんから、高値で買い取ることはできません。贈与するという手もありますが、そうすると会長の手元には一切お金が入らなくなります。自分が苦労して経営し、会社の価値を上げてきたのに、自分だけがその恩恵にあずかることができない状況になってしまうのです。しかもご子息には多額の贈与税がかかりますし、自宅を購入して大きなローンを組んだばかりでした。まさに、相続から〝争族〟の危機に陥りそうになっていたのです。

このような場合もＭ＆Ａが有効です。Ｍ＆Ａで会長の持ち株をすべて高値で現金化できるので、会長も、妹たちもハッピーになれるのはもちろんのこと、ご子息である現社長にもご負担をかけず、また将来的には、財産承継の面においてもメリットになります。

第4章
M&Aを成功に導くための10カ条

最後の章では、特に会社を譲渡するにあたって、円滑にM&Aを成功させるためのポイントをまとめてみました。

第1条　M&Aは秘密保持に始まり秘密保持に終わる

M&Aは最初から最後まで、秘密保持の下で行われます。書類作成からお相手探し、交渉、監査、契約書へ落とし込むまで、すべてです。一部の例外や手続きを除き、水面下で行われていきます。私たちM&Aコンサルタントは黒子の役割に徹し、表舞台に姿を現すことはありません。タクシーや新幹線など公共の場ではもちろん、自宅でも内容を特定されるような話はしませんし、プロ同士ではあえて外部からはわからないような専門用語を使います。情報セキュリティも万全にしており、すべてにおいて細心の注意を払って情報を扱っています。どれもこれも、不要なリスクを排除するためです。

M&Aの実務上、最大のリスクとなるのは何といっても情報漏洩です。情報は実体のないものですから、いったん流出してしまうと止めることは困難を極めますし、いわゆる風評被害の元にもなります。極めて秘匿性の高い最高機密の情報ですので、取引先や従業員に話が漏れてしまうと実害が発生する可能性もあります。

Ｍ＆Ａの検討をするうえで、情報管理は極めて重要です。例えば会話をする環境についても、従業員がいるところで話すのはお勧めできませんし、カフェなども基本的にはなるべく避けたいところです。私たちとの面談も、基本的には個室で行います。日本Ｍ＆Ａセンターの社名を出さず、個人名や別の会社名で訪問したりもします。これだけ情報管理を徹底して進めていきますので、私たちがお渡しした資料を自分の机に置きっぱなしにしてしまう、従業員も見ることができるメールアドレスでやりとりしてしまうといったこともちろん厳禁です。知り合いの社長に相談したところで、それが酒の席で話題となって業界で流布してしまう可能性もゼロではありません。

とにかく情報管理には細心の注意を払って検討をしていただきたいものです。まれに従業員に対して隠し事をしないのがポリシーだという経営者もいらっしゃいますが、それとこれとは話が別です。まだＭ＆Ａを実行すると決めたわけでもないのに、自らリスクを冒す必要はありません。

検討している経営者ご自身も、ぜひ秘密保持の重要性を理解しておいていただきたいと思います。誰にも相談してはいけないということではありませんが、最小限の関係者で、かつ細心の注意を払って検討してください。

Ｍ＆Ａは秘密保持に始まり、秘密保持に終わるのです。

第２条　早めの相談

まずは早めに相談をすること。Ｍ＆Ａを検討している経営者の中には、勘違いをしているがゆえに、相談もしないという方が少なくありません。

経営者が会社の株式を１００％保有していないとＭ＆Ａができないと思っているケースが、結構あります。会社を立ち上げるにあたり、親戚や友人など複数の人に株式を持ってもらうのは一般的であり、その結果として株主が散らばっていることもよくある話です。それを、なぜかひとまとめにしないと、Ｍ＆Ａのスタートラインに立てないと思い込んでいるのです。

もちろん、実際に譲渡先が決まれば、譲受け企業に株式を渡さなければならないので、散らばっている株式をひとまとめにする必要はありますが、それはＭ＆Ａのプロセスから申し上げると、ほぼ最終局面での話になります。

あるいは「本業は譲渡するけれども、不動産の収益物件は譲渡せずに手元に置いておきたい」、「会社名義になっている自動車や自宅も、会社と一緒に譲渡しなければならないのか」、「会社の底地が個人名義なのだがどうしよう」など、さまざまな事情があり、「それが障害になってうちはＭ＆Ａができないのではないか」と思われているケースも多々あります。結論だけ申し上げると、これらはなんとでもできます。Ｍ＆Ａはすべてフルオーダーメイドです。

大事なことは、もしＭ＆Ａを真剣に検討しているのでしたら、まずは専門家に相談していただきたい、ということです。株式が分散していたとしても、それも含めて相談していただきたいのです。それよりも、譲渡先を探すことのほうが先決と言ってもよいでしょう。

第3条 経営戦略の一つとしてフラットに考える

「Ｍ＆Ａは最後の手段」と思っている経営者も少なくありません。どういう意味で「最後の手段」なのかというと、特に事業承継で困っている企業にありがちなのですが、事業承継を実現するための方法として、「親族内承継」→「従業員承継」→「Ｍ＆Ａによる第三者承継」という順番で考えているケースが多いのです。

つまり、Ｍ＆Ａによる第三者承継は、事業承継をするうえで一番劣後する方法と考えられているのです。なぜ、どの方法が一番会社と従業員にとってベストな方法かという、フラットな視点で考えないのでしょうか。本来、会社にとって最も良い方法を選択するべきだと思います。

もし、経営者の子供、親族が経営を引き継ぐ親族内承継がスムーズに行われるのであれば、わざわざＭ＆Ａで経営を引き継いでくれる会社を探す必要は、どこにもありません。それは従業員承継も同じで、ナンバー2が株式を買い取って経営を引き継いでくれるのであれば、やはりＭ＆Ａを検討する必要はどこにもないのです。ただし現実的には、会社の株を買い取れるだけの資力があり、社長になれるカリスマ性と手腕があり、それだけの胆力があれば、すでに独立していてもおかしくないはずです。

一方で、親族内承継や従業員承継が可能だとしても、Ｍ＆Ａによる第三者承継を選んだほうがよいというケースもあります。それは譲受け企業が持っているリソースを活用しシナジーを生むことによって、会社の経営がよりよいものになると考えられる場合です。

日本の中小企業は経営規模が小さく、それゆえになかなか生産性を向上できないという問題を抱えています。従業員数20人の中小企業が、従業員数５００人の中堅企業にグループ入りできれば、マーケティングや商品開発、製造、バックオフィスなどあらゆる部分で、中堅企業のリソースを活用できますから、生産性が一気に高まります。

これからの日本経済は、人口減少によって国の経済規模が縮小していきますし、働き方改革で働ける時間が限られてきますから、企業にとっては生産性の向上が不可欠になります。したがって、事業承継問題にかかわらず、企業を存続させるための戦略として、M＆Aを真剣に検討しなければならない時代がすでにきているのです。そういう意味でも、M＆Aを事業承継の劣後策として考えるのではなく、事業を存続させるための経営戦略の一つとして、積極的に検討していただきたいと思います。

第4条 「譲受け」も「譲渡」も両軸で検討する

M＆Aを経営戦略の一つとして考えた場合、当然自社はほかの会社を「譲り受ける」側と認識しがちです。

もちろん、会社を譲り受けるのは悪いことではありません。

新規事業を展開するにあたって、自社の従業員を数名、新規事業担当者として割き、その事業に成長する余地があるのかどうかをリサーチさせ、「いける！」と判断したら担当者を増員し、製品やサービスの開発を行い、試行錯誤を繰り返して、ようやく市場に投入する。

新規事業部を立ち上げてから、実際に市場投入し安定飛行に入るまでを自社のリソースだけで行おうとすると、恐らく数年単位の時間がかかるでしょう。でも、Ｍ＆Ａで同じようなことをすでに行っている会社を譲り受ければ、そのような手間をかけることなく新規事業を立ち上げることができます。つまりＭ＆Ａは、企業にとって時間を買うことと同じ意味を持つのです。

恐らく、Ｍ＆Ａの意味をインターネットなどで調べると、このように説明されていると思うのですが、これはあくまでも譲受け側に立った話です。

しかし現実には、企業を譲り受けることができる会社は決して多くないということを理解しておく必要があります。Ｍ＆Ａは圧倒的な売り手市場なので、規模が大きくしっかりした会社のほうが、買い手候補として選ばれやすいのです。

そもそも売上が5億円程度の企業が、同じ程度の売上規模を持つ他企業を譲り受けたとしても、前述したようなＭ＆Ａの効果を十分に発揮することはできません。もし自社が譲受け側になるとしたら、売上規模は50億円、できれば１００億円は欲しいところです。そういう会社が、売上規模は小さいけれども何か光る技術などを持っている企業を譲り受けることによって、初めてM&Aの効果が得られるのです。

つまり売上規模の小さい企業では、自分の会社を「譲渡する立場」として考えたほうが、より幅広い戦略を取ることができて、会社に良い結果をもたらす可能性が高まります。

また、M&Aにありがちな誤解の一つに、「経営難に陥っている会社が対象になる」と思われているところがあります。

そのため、会社を譲渡することをポジティブに捉えることができず、そこに有効な経営戦略になりうる可能性があるにもかかわらず二の足を踏んでしまう経営者は、意外と多くいます。

しかし、現実には経営難の会社はなかなか相手企業が見つかりません。会社を譲渡することについては先入観を持たず、経営戦略の一つとしてフラットに捉えていただきたいのです。経営者として考えるべき最も大事なことは、従業員の雇用を守るために経営を存続させることです。会社を譲渡することが、そのための最善の策だとしたら、積極的にそれを検討するべきではないでしょうか。

第5条

かわいい子には旅をさせよ

従業員を人一倍大切に思うがあまり、かえって会社の事業承継を適切なタイミングででていない会社も実はとても多いのです。親族にも従業員にも後継者になれる人物がいないことは十二分に理解しており、さらに選択肢はM&Aしかなさそうだということもわかっている。にもかかわらず、M&Aをした場合の不安ばかりが先行してしまい、M&Aをしたらうちの従業員は辞めてしまうはずだとか、うちの会社のことを理解できる会社が現れるのかということばかりをおっしゃり、結局事業承継が進まず時間だけが過ぎていっているケースです。

そんな経営者に私がいつもアドバイスさせていただくのは、どれだけ机の前に座って事業承継問題に頭を悩ませても、M&Aについて調べても、実際にお相手の経営者と会って話をしてみないと、どこまでいっても机上の空論だということです。お相手の経営者と会ってみたら、今までの不安が杞憂であったこともわかるでしょうし、もしかしたら良い次世代の経営者に巡り合えるかもしれません。もちろん、そうでない場合もあるでしょう。しかし、それも行動してみたからこそわかることで、後継者の候補がいないのであればアクションを起こしてみるしかないのです。

探してもお相手がなかなか現れない可能性ももちろんあります。意外と見落としがちなのが、会社も生き物ですから、適切な新陳代謝が必要だということです。長年にわたって経営者がトップに君臨し続けてしまうと、次世代経営者が育たないので、ますます従業員承継は難しくなってきます。会社と従業員を大切にする気持ちが人一倍強い経営者ほど、この負のループにはまりやすいと感じています。

第6条　相談するなら専門家へ

M＆Aを検討するにあたって、まず誰に相談するのがよいのか。私たちならば「M＆Aの専門家がよい」と、間違いなく申し上げるのですが、経営者の多くは自分が属している業界の仲間や、あるいはゴルフ仲間、はたまた経営にタッチしていない奥様に相談を持ち掛けるケースが多いようです。

しかし、これはやめたほうがよいでしょう。もちろん、M＆Aの経験が豊富な方であれば相談してみるのもよいでしょう。しかしＭ＆Ａの経験者がいたとしても、その経験は一回だけのはずです。経験のない人に「Ｍ＆Ａで会社を譲渡しようと考えているのだけど」などと聞くのは野球選手にテニスのルールを聞いているようなものですし、噂話が広まってしまうリスクもあります。

したがって、Ｍ＆Ａについて情報を知りたいとき、検討を始めるときには、Ｍ＆Ａの専門家に話を聞くようにしてください。そうすれば、的確なアドバイスとともに、納得のいくＭ＆Ａを実現できるはずです。

第7条　ディスクローズはＭ＆Ａが成立してから

ここでいう「ディスクローズ」とは、従業員などの企業の関係者に対して「この会社をＭ＆Ａしました」と発表することです。

大事なのはタイミングです。関係者には取引先や銀行なども含まれますが、なかでも一番気を遣いたいのが従業員です。従業員へのディスクローズは、提携仲介契約を締結し、譲渡先を見つけ、経営者同士が話し合い、正式に調印し、決済までのすべての手続きが完了した後で行うことが肝心です。

ただし例外、もあります。例えば役員クラスで、自社の技術をすべて担っている、顧客との太いパイプを持っているなど、要するにその人が抜けてしまうと、会社の価値が一気に失われてしまうような「キーパーソン」に対しては、ある程度、話の方向性が見えてきた段階で、先行してディスクローズすることはあります。

とはいえ、提携仲介契約を締結する段階からキーパーソンに事情を明かすことは、あまりありません。重要人物といえど、ディスクローズするのは「基本合意」といって、仮契約をする段階の前後です。つまり、会社を譲渡すること、あるいはひとまず相手企業を探してみるかどうかの判断は、あくまでも経営者であるあなたが行うことなのです。

また、会社の株式は譲渡するけれども、いずれ自分の子供に社長を継がせたいと考えている経営者もいます。この場合は、やはり子供の意見も大事になってきますから、経営トップ同士で話し合う「トップ面談」の際に、子供を同席させたりします。

なぜ、従業員に対しては最終段階までディスクローズしないのか。それは情報漏洩を防ぐとともに、社内が浮き足立つのを防ぐためです。M＆Aの情報が漏れたら、その後のプロセスに支障を来す恐れがあります。また、事前にM＆Aの情報が漏れてしまうと、従業員の中には「この会社はもうダメなんだ」と誤解して、会社を辞めてしまうリスクもあります。そうした誤解が生まれないよう、ディスクローズは最終段階で、丁寧に説明しながら行うべきなのです。

第8条 検討は早く、決断は慎重に

私たち日本M&Aセンターを通じて、会社の譲渡先を探そうと考えている経営者の方々に非常に多く見られるのが、着手金を払ってまで提携仲介契約を締結すべきか悩まれるケースです。

しかし、提携仲介契約の締結は、言ってしまえば結婚相談所に登録するようなものです。結婚相手の候補者が見つかったわけではなく、ましてや結婚が決まったわけでもありません。単に、「これから譲渡先を探すためのテーブルについた」という段階にすぎないのです。

しかし、逆に言うなら、このテーブルについていただかないことには、良いお相手を探すことができません。したがって、M&Aの話をコンサルタントに相談し、悪いものではないなと思ったら、早めに提携仲介契約を締結したほうがよいでしょう。実際に自社を譲渡するかどうかは、お相手が見つかり、条件を確認し、譲受け希望企業の経営者と面談をしてから決めればよいことです。

これは、私がM＆Aコンサルタントをしているからそう申し上げるのではありません。早めに着手することをお勧めするのは、そうしたほうが安心して、有利な条件で、より多くの可能性を追求することができるからです。

会社経営を取り巻く環境はめまぐるしく、この十数年の間にも、リーマンショック、自然災害、戦争、為替変動、インフレ、コロナ禍と、さまざまなことがありました。将来の経営環境がどうなるのかは、誰にもわかりません。ただ、確実に言えるのは、今後、日本の人口が減少の一途をたどる中で、特に日本をマーケットにしてビジネスを展開している会社は、商売が先細りになる可能性が高いということです。そう考えると、まさに今の企業価値こそが最も高いのかもしれません。そして、時間が経過すればするほど従業員が高齢化していくので、時間の経過に比例して見えない企業価値はどんどん摩耗していきます。

業績が悪化して企業価値が目減りすると、譲受け希望企業もどんどん少なくなっていきます。それは、M＆Aによって会社を譲渡するチャンスが減っていくことを意味します。

もし、譲受け希望企業が現れず、さらに業績が悪化していけば、残された道は倒産か廃業です。

そうなれば、従業員は路頭に迷うかもしれません。経営者も多額の借金を背負うことになり、会社を倒産あるいは廃業させることになりますから、誰にとっても不幸な結果になります。だからこそ、「会社を譲渡しようかな」という気持ちが少しでも頭に浮かんだら、なるべく早く譲受け希望企業を探し始めたほうがいいのです。

「今、この会社を譲渡するのはもったいない」と思ってしまうくらいのタイミングこそが、Ｍ＆Ａの〝検討しどき〟なのです。

一方で、お相手が現れてからは慎重に検討しましょう。一番あってはならないのは、何か困ったことが起きてから慌てて検討するケースです。テーブルに載せるかどうかに時間をかけすぎて、最後の決断を急がなくてはいけないといったことはないようにしていただきたいのです。

第９条　理性的・合理的な判断でまずスタートする

何回かの面談を通じて、あるいは自分なりに情報収集してＭ＆Ａのことがおおよそ理解できると、Ｍ＆Ａの多彩なメリットに気づくはずです。もしくは事業承継という面で考えると、選択肢がＭ＆Ａ以外にないのではないかと思うケースもあるでしょう。とはいえ、頭では理解しているものの、それを実際の行動に移すには、迷いが生じて、もしかしたらほかに手立てがあるのではないかと思えてきます。会社を手放すのはもったいないし、無理だとはわかっているものの、息子や娘が継ぐと言い出すのではないか。あるいは今まで積み上げてきたものがなくなってしまうのではないか、など、感情がブロックして一歩踏み出すことを躊躇してしまいがちです。

大事に育ててきた会社ですから躊躇しないはずがありません。後ろ髪ひかれる思いがあるのはわかります。しかしながら、そこは経営者ですから合理的に判断をすべきだと思います。その後ろには従業員たちの生活があります。

そして何より、一歩踏み出すことは、M＆Aを確定させるということではありません。さまざまな選択肢をまずはテーブルに乗せて、本格的に検討をスタートすることです。経営者は理性的・合理的な判断でスタートすることを心がけるべきでしょう。

第10条 先延ばしにしない。しっかりと決断する

通常、事業承継問題や解決困難な経営課題とは、重要度と緊急度マトリクスで言うとこ

ろの「重要ではあるが緊急ではない」という領域に位置する問題です。つまり、先延ばしにされがちなテーマと言えます。何度か面談をさせていただいて理解が深まってくると、あとは一歩踏み出す決断をするだけという局面になります。しかしここにきて、さまざまな理由で、決断を先送りにしようとする経営者が多いのもまた事実です。もうすぐ忙しくなるから、お盆を挟むから、今はバタバタしているから、決算までは、年末年始を挟むから、もう少し会社の体制を整えてから、……など、理由は多岐にわたります。

そもそも人間は、大きな変化をあまり好みません。現状維持バイアスが働いて、変わることを恐れて、不安になる気持ちも十分わかります。ですから「重要だけど緊急ではない」問題についてはできれば目を背けて、考えること自体を後回しにしたくなってしまうのです。しかし、この問題は「緊急ではないけど重要」なのです。

こうした話は一人で悶々と考えていても、ある日突然、神様のお告げのように方針が降ってくるものでは決してありません。何かのきっかけで事業承継問題や経営課題を考え、またそれを幾度にもわたるディスカッションの中で整理していくしかないのです。考えるきっかけがあったのなら、それは今検討すべき「タイミング」がきたということです。

この本を手にしていただいたのも何かのご縁です。一人で悩むには大きすぎる問題ですので、本書を活用していただき、今日を限りに問題を先送りにすることはやめましょう。

付録　都道府県別後継者不在率

順位	都道府県	後継者不在率
1位	島根県	75.1%
2位	鳥取県	71.5%
3位	秋田県	69.9%
4位	北海道	68.1%
5位	沖縄県	67.7%
6位	神奈川県	66.2%
7位	大分県	65.6%
8位	山口県	65.3%
9位	岐阜県	62.9%
10位	愛媛県	62.1%
11位	埼玉県	61.9%
12位	徳島県	61.6%
13位	岩手県	61.2%
14位	岡山県	60.5%
15位	宮城県	60.3%
15位	富山県	60.3%
17位	福岡県	60.2%
18位	青森県	59.9%
18位	長崎県	59.9%
20位	長野県	59.4%
21位	広島県	59.0%
22位	愛知県	58.4%
23位	栃木県	58.0%
23位	群馬県	58.0%
25位	石川県	57.9%
26位	東京都	57.7%
26位	滋賀県	57.7%
28位	高知県	57.5%
29位	大阪府	55.4%
30位	静岡県	53.6%
31位	新潟県	53.5%
32位	福井県	52.8%
33位	千葉県	51.8%
34位	兵庫県	51.2%
35位	京都府	50.8%
36位	山形県	50.0%
37位	奈良県	49.9%
38位	熊本県	49.5%
39位	宮崎県	49.3%
40位	香川県	49.0%
41位	山梨県	47.6%
42位	佐賀県	46.8%
43位	鹿児島県	46.4%
44位	和歌山県	46.2%
45位	福島県	44.7%
46位	茨城県	42.7%
47位	三重県	29.4%

出所: 2022年帝国データバンク 全国企業「後継者不在率」動向調査

おわりに

私はM&Aコンサルタントになって丸10年ですが、これまで200社以上にわたるオーナー経営者のM&Aの決断に携わってきました。

ドラマのような壮絶な半生を送ってこられた経営者もおられますし、なかには創業家に生まれ落ちた宿命と呼ぶべき半生を送ってこられた方もいました。一見、順風満帆そうに見えてもその裏では経営者ならではの苦悩や葛藤があるものです。

「事実は小説よりも奇なり」

サラリーマン家庭では起こりえないようなこともオーナー家では起こりえるのです。

この仕事では本当にさまざまな経営者の人生の縮図を追体験させていただきました。共に悩み、共に走り、共に未来を描きます。そんなオーナー経営者と伴走してきた私の信念は、「真実を伝えること、事実を伝えること」です。ですから、時にはあえて厳しいことを言わせていただくこともあります。

その根底にあるのは紛れもなく、リスクを背負って何十年と会社、従業員、そして地域経済を守ってこられたオーナー経営者に対する尊敬です。

今までお手伝いしてきた経営者の顔はすべて浮かびますし、何年経っても伴走してきた記憶は、昨日のことのように鮮明に刻まれています。経営者の皆様には、仕事を通して大変感謝していただきました。

Ｍ＆Ａの本質とは、いわばビジネスマッチングであり、他社と資本提携を行い新たな付加価値を生むための「企業の最高戦略」なのです。

ところが、この10年やってきて思うのは、Ｍ＆Ａほど誤解が多いものもないのではないかということです。ちまたではＭ＆Ａに対してあまり良いイメージがありません。特に、会社を譲渡する経営者は強い敗北感を覚えるようで、なかなか決断を下せません。逡巡しているうちに時間だけが経過してしまい、その間に会社を取り巻く経営環境が悪化して、いよいよ譲渡先が見つからなくなるというケースを、これまで何社となく見てきました。かつて写真フィルムメーカーで世界トップだった富士フイルムとコダックは完全に明暗が分かれました。経営環境の変化にしなやかに適応し、写真フィルム技術を利用して医療品業界に進出した富士フイルムと、変化に適応できずそれまでの本業に固執したあまり破綻したコダック。ダーウィンの進化論ではありませんが、経営環境にしなやかに対応できるような戦略が必要なのです。

繰り返し申し上げますが、Ｍ＆Ａは企業戦略なのです。

日本にはたくさんの中小企業があります。２０２１年版『小規模企業白書』（中小企業庁）によると、小規模事業者も含めた企業数は約３５９万者。このうち大企業は約１・１万者で、構成比は０・３％。残りの99・７％は中小・小規模企業になります。日本は先進国の中でも圧倒的に中小企業が多い国なのです。

よく「日本経済は中小企業によって支えられている」といわれます。いわゆる「中小企業神話」です。確かに、失われた30年を経てもなおＧＤＰが世界3位ではありますが、単に人口と企業数が多いだけで、それは同時に、１社当たりの生産性の低さも内包しています。つまり経営規模が小さいために、非効率な経営をせざるをえなくなり、いくら素晴らしい技術、アイデアを持っていたとしても、それを実現して、収益化、あるいは拡大するところまでたどり着けないことも多いのです。

それは、あまりにももったいないと思いませんか。

自分たちが持っているオリジナリティの高い技術、あるいはビジネスアイデアを、共に実現してくれる伴走者が欲しいとは思いませんか。

だからこそ、M&Aなのです。皆さんが持っている技術力、ビジネスアイデアを正しく評価してもらい、豊富な資金力と人材、高いブランド力を持っている大手企業から資本や人材を投入してもらう。M&Aとは、ヒト・モノ・カネ・情報・ネットワークのすべてが取引の対象となる「究極」の経済活動であり、借入によるカネの調達だけでなく、自社株を開放することによる成長加速を意味します。エクイティ（株式）を活用した成長によって皆さんの会社は高い競争力を持てるようになるのです。中小企業は強みを持ち寄り、弱みを補完し合えれば必ず強くなります。

アメリカやヨーロッパは今も成長を続けていますが、実はM&A業界としても日本より30年進んでいるといわれています。画期的なアイデアを有するベンチャー企業が、M&Aで大手のリソースを活用することで、スピード感をもって成長していくということが当たり前の風土になっているからです。日本と違って、起業家と事業家が明確に分かれているのも特徴です。ですから、新しい技術が次々に生まれてくるのです。欧米ではM&Aでの出口戦略はIPOと並んで明確に〝成功者〟と定義づけられています。

つまりM&Aは、中小企業にとって究極の事業戦略とも言えます。経営規模が大きな企業の資金や人材を活用することによって、自社の事業をさらに強く大きく発展させていく可能性を秘めているからです。家内工業、家族経営から、組織経営へ脱皮することができるのです。

もちろん、必要としているときに都合よくＭ＆Ａの相手が見つかるとは限りません。だからこそ、常に皆さんの事業に協力してくれる伴走者を探しておく必要があります。そうすることによって、皆さんの事業を成功に導く事業戦略の選択肢を増やしておくのです。

近江商人は「三方よし」を経営哲学の一つにしていました。「売り手よし」、「買い手よし」、「世間よし」というものです。

私は、Ｍ＆Ａは三方よしどころか、「五方よし」であると思っています。「会社よし」、「従業員よし」、「株主よし」、「取引先よし」、「地域経済よし」です。シナジーは最高戦略なのです。

近年、廃業に追い込まれる中小企業が増えています。しかし、企業がその命脈を断たれると、従業員だけでなく、さまざまなステークホルダーに悪影響が及びます。取引先しかり、取引銀行しかり、地域経済しかり、そして経営者しかり、です。私が本書でお伝えしたかったのは、あくまで「Ｍ＆Ａしましょう！」というものではありません。Ｍ＆Ａできるかどうかは神のみぞ知るものなので、私も絶対できますよ、と無責任なことは言えません。ただし、Ｍ＆Ａは多くの中小企業にとって検討すべき一つの大きな選択肢であると間違いなく言えます。そのためには、まずイメージではなく、「Ｍ＆Ａを正しく理解すること」

が何より一番大事だと思い、本書を執筆しました。本書をお読みいただき、正しい理解につながって企業が存続・発展できるシナリオが描ければ、Ｍ＆Ａコンサルタントとしてこれ以上うれしいことはありません。

もう一度日本に強さを。もう一度日本に輝きを。企業が力を合わせれば必ず良い世界がつくれます。

私たちの仕事は、五方よしを実現し、誰もが幸せになれる事業展開をお手伝いするための戦略コンサルです。本書をお読みいただいた中小企業の経営者の皆さんが抱えている事業戦略の悩みを、必ず解決に導けるものと確信しております。「企業の最高戦略」Ｍ＆Ａを通じて。

２０２４年１月

柴田　彰

【著者紹介】

柴田　彰（しばた　あきら）

株式会社日本M&Aセンター　執行役員

1986年兵庫県生まれ、千葉県、香港育ち。大学卒業後、世界最大の国際物流会社へ入社。法人営業として実績を積み、中小企業から上場企業まで幅広い顧客を担当する中、技術力のある企業が後継者不在で清算をする現場を見て、「もっと日本社会の根幹となる領域で働きたい」と転職を決意し、2013年日本M&Aセンターへ入社。

以来、日々日本中を飛び回り、事業承継から成長戦略のご相談まで、あらゆる業種で多数の仲介実績を持っている。

経営者団体でのセミナー講師や金融機関への勉強会、業界紙での連載執筆経験なども豊富で、冷静かつロジカルながらも、熱量高く本気で企業経営者に寄り添うアドバイスが信頼を生んでいる。

2018年度、2019年度、2021年度の受託契約件数トップコンサルタント。受託契約件数は会社のトラックレコードを持ち、未だにその記録は破られていない。

現在は企業情報部統括として全社のM&Aコンサルタントの育成にも取り組んでいる。

プライベートでは、テコンドーの師範であり、全日本王者および世界チャンピオンという異色の経歴を持つ。

社長の決断から始まる　企業の最高戦略 M&A

2024年 3 月12日　第 1 刷発行
2024年12月 2 日　第 3 刷発行

著　者——柴田　彰
発行者——田北浩章
発行所——東洋経済新報社
〒103-8345　東京都中央区日本橋本石町 1-2-1
電話=東洋経済コールセンター　03(6386)1040
https://toyokeizai.net/

装丁……………中村勝紀（TOKYO LAND）
D T P …………小田直司（ナナグラフィックス）
印刷・製本……藤原印刷株式会社
Printed in Japan　　ISBN 978-4-492-96206-0
